BIBLIOTHÈQUE CONTEMPORAINE

GEORGE SAND

OEUVRES CHOISIES

LA

VILLE NOIRE

PARIS

MICHEL LÉVY FRÈRES, ÉDITEURS

RUE VIVIENNE, 2 BIS

1861

ŒUVRES

DE

GEORGE SAND

LA
VILLE NOIRE

PAR

GEORGE SAND

PARIS

MICHEL LÉVY FRÈRES, LIBRAIRES-ÉDITEURS

RUE VIVIENNE, 2 BIS

—

1861

Tous droits réservés

# LA VILLE NOIRE

I

— Pourquoi es-tu triste, mon camarade? De quoi es-tu mécontent? Tu es jeune et fort, tu n'as père ni mère, femme ni enfants, partant aucun des tiens dans la peine. Tu travailles vite et bien. Jamais tu ne manques d'ouvrage. Personne ici ne te reproche de n'être pas du pays. Au contraire, on t'estime pour ta conduite et tes talents, car tu es instruit pour un ouvrier : tu sais lire, écrire et compter presque aussi bien qu'un commis. Tu as de l'esprit et de la raison, et par-dessus le marché, tu es le plus joli homme de la ville. Enfin tu as vingt-quatre ans, un bel âge! Qu'est-ce qu'il te faut donc, et pourquoi, au lieu de venir te promener et causer avec nous le dimanche, te tiens-tu à l'écart, comme si tu ne te croyais pas l'égal des autres, ou comme si tu ne les jugeais pas dignes de toi?

Ainsi parlait Louis Gaucher, l'ouvrier coutelier, à Étienne Lavoute, dit *Sept-Épées,* le coutelier-armurier. Ils étaient assis au soleil, devant une des cinq ou six cents fabriques qui se pressent et s'enchevêtrent sur les deux rives du torrent, à l'endroit appelé le *Trou-d'Enfer*. Pour s'entendre parler l'un l'autre au bord de cette violente et superbe chute d'eau, il leur fallait l'habitude qu'ils avaient de saisir la parole humaine à travers le bruit continuel des marteaux, les cris aigres des outils et le sifflement de la fournaise.

Les deux ouvriers mangeaient en causant. Gaucher avait une écuelle sur ses genoux, une écuelle de soupe appétissante que lui avait apportée, d'un air orgueilleux et grave, sa fille ainée âgée de cinq ans. La jeune mère, qui tenait un autre enfant dans ses bras, avait suivi la petite pour la surveiller, et maintenant la fille et le garçon se roulaient sur le sable, tandis que la femme, voyant son mari causer d'un air de confidence, se tenait respectueusement à quelques pas, et se contentait de lever les yeux de temps en temps, pour voir s'il mangeait avec plaisir.

Sept-Épées mangeait comme mangent les garçons, sur le pouce, et avec l'indifférence de ceux qui n'ont ni compagne ni mère. Comme son camarade, il avait les bras nus, maculés de taches noires, et la tête exposée à l'ardent soleil du midi, fraîcheur relative pour ceux qui vivent dans l'enfer de la forge.

Sept-Épées ne répondit pas à Gaucher. Il lui serra la main pour lui faire comprendre qu'il était reconnaissant de son intérêt; mais il baissa la tête et regarda couler le torrent. — Voyons, voyons, reprit le coutelier, tu as, dans ton idée, quelque chose qui ne va pas! Est-ce quelque chose où l'on puisse t'aider? parle! J'ai de l'amitié pour toi, et je voudrais te rendre service.

— Merci, camarade, répondit le jeune homme avec un peu de fierté. Je connais ton bon cœur, et si j'avais besoin de toi, je te demanderais ce qu'il me faut; mais je ne manque de rien, et je ne te cacherai pas que, si je voulais, tel que tu me vois, je gagnerais douze francs par jour.

— Et pourquoi ne veux-tu pas? Est-ce que tu crains ta peine?

— Non; mais quand je me serai mis la volonté en feu pour doubler le nombre des pièces de ma journée, en serai-je plus avancé?

— Oui, tu te reposeras plus longtemps quand il te plaira de te reposer, et le jour où tu voudras te reposer tout à fait, tu seras encore jeune. Si je n'avais pas de famille à nourrir, et si j'avais tes talents, je voudrais, dans dix ans d'ici, monter une fabrique à mon compte.

— Oui, oui, devenir maître, payer et surveiller des ouvriers, tenir des écritures, faire du commerce, pour, au bout de dix autres années, acheter un terrain dans la ville haute, et faire bâtir une grande maison qui vous ruine, parce que la folie de la richesse vous prend? Voilà l'ambition de l'ouvrier d'ici.

— Eh bien! pourquoi donc pas? reprit Gaucher. Un peu de raison au bout de la tâche, et l'ouvrier peut devenir un gros bourgeois. Regarde là, au-dessus de nos têtes, sur la terrasse de la montagne, ces jolies rues à escaliers, ces promenades d'où l'on voit cinquante lieues d'horizon, ces murailles blanches et roses, ces jardins en fleurs, treillagés de vert; tout cela est sorti du gouffre où nous voici attelés du matin au soir, qui à une roue et à une pince, qui à une barre de fer et à un marteau. Tous ces gens riches qui, de là-haut, nous regardent suer, en lisant leurs journaux ou en taillant leurs rosiers, sont, ou d'anciens camarades, ou les enfants d'anciens maîtres ouvriers, qui ont bien gagné ce qu'ils ont, et qui ne méprisent pas nos figures barbouillées et nos tabliers de cuir. Nous pouvons leur porter envie sans les haïr, puisqu'il dépend de nous, ou du moins de quelques-uns de nous, de monter où ils sont montés. Regarde! il n'y a pas loin! Deux ou trois cents mètres de rocher entre l'enfer où nous sommes et le paradis qui nous invite, ça représente une vingtaine d'années de courage et d'entêtement, voilà tout! Moi qui te parle, j'ai rêvé ça! mais l'amour m'a pris, et les enfants sont venus. Celui qui se marie jeune et sans avances n'a plus la chance de sortir d'affaire; mais il a la femme et les petits pour se consoler! Voilà pourquoi, condamné à faire toujours la même chose ma vie durant, je ne me plains pas et prends le temps comme il vient.

— C'est ce qui te prouve, dit Sept-Épées, qu'il y a deux partis à prendre : ou rester pauvre avec le cœur content, ou se rendre malheureux pour devenir riche. Eh bien! je suis entre ces deux idées-là, moi, et ne sais à laquelle me donner. Voilà pourquoi je suis, non pas triste comme tu le penses, mais soucieux et changeant de projets tous les jours sans pouvoir en trouver un qui ne me fasse pas trop de peur.

— Je vois que tu es de ceux qui retournent trop leur plat sur le feu et qui le laissent brûler. Tu regardes le mauvais côté des choses, et tu es toujours dans l'envers de ton étoffe. A quoi te servira ton esprit, si ce n'est point à voir ce qui est bon dans la vie? Moi qui ne suis pas grand clerc, je n'en cherche pas si long. Je regarde autour de moi, et, puisque j'ai pris le parti d'épouser la fille que j'aimais, je ne me dépite plus d'être enterré pour toujours dans la ville basse. Adieu la maison peinte faisant crier ses girouettes dorées au vent de la plaine! adieu les petites eaux tranquilles dans les petits bassins de pierre! adieu le rêve du jeune ouvrier!

Bah! notre enfer n'est pas si laid qu'on veut bien le dire! mes yeux y sont accoutumés, et tous ces toits de bois noircis par la fumée, ces passerelles tremblantes sur les cascades, ce pêle-mêle de hangars qui allongent sur l'eau leurs grands bras chargés de vigne, ces porches voûtés, ces rues souterraines qui portent des étages de maisons disloquées, et où j'entends cliqueter les barres de fer sur les chariots, tous ces bruits qui fendent la tête et qui n'empêchent pas l'artisan de réfléchir et même de rêver; tous ces enfants barbouillés de suie et de limaille qui redeviennent roses le dimanche et qui voltigent comme des papillons dans les rochers après avoir trotté toute la semaine comme des fourmis autour des machines; oui, tout cela me danse devant les yeux et me chante dans les oreilles! J'aime la rude musique du travail, et si par hasard j'ai une idée triste, en frappant mon enclume, je n'ai qu'à sortir un peu, à venir ici, et à regarder rire l'eau et le soleil pour me sentir fier et content! Oui, fier! car, au bout du compte, nous vivons là dans un endroit que le diable n'eût pas choisi pour en faire sa demeure, et nous y avons conquis la nôtre; nous avons cassé les reins à une montagne, forcé une rivière folle à travailler pour nous mieux que ne le feraient trente mille chevaux, enfin posé nos chambres, nos lits et nos tables sur des précipices que nos enfants regardent et côtoient sans broncher, et sur des chutes d'eau dont le tremblement les berce encore mieux que le chant de leurs mères!...

Sais-tu qu'il y a déjà trois cents ans que, de père en fils, nous creusons cette gorge étroite où tant de familles ont trouvé moyen de s'entasser, de se faire place et même de s'enrichir? Quelques-uns ont commencé en petit, à leurs risques et périls, luttant contre la nature et contre le crédit et les chances du commerce, empêchements plus obstinés et plus menaçants que la nature elle-même. Et à présent, dans cette noire crevasse de rocher, dans cet escalier de chutes d'eau qu'on appelle la ville basse, nous voilà plus de huit mille paires de bras trouvant leur emploi, huit mille hommes chaque jour assurés du lendemain et pouvant ainsi, par le travail, aller du jeune âge à la mort sans trop de misère et de soucis, tandis que là-haut, au lieu d'une bicoque misérable, une ville riche s'est élevée, une ville bariolée de couleurs tendres et riantes que les voyageurs comparent à une ville d'Italie, une ville quasi neuve avec des fontaines, des édifices, des routes ! C'est quelque chose, mon camarade, que d'être dans un endroit où les hommes ne sont ni endormis ni inconstants, et il n'y a guère d'habitants de la ville haute qui ne regardent avec orgueil les fumées et les tonnerres de la ville basse monter dans les airs, comme un cantique et un encens, en l'honneur de celui qui les a fait grandir et prospérer.

— Tu as raison, répondit Sept-Épées, et ton bon courage me remonte les esprits! Oui, elle est belle, notre ville basse, notre *ville noire*, comme on l'appelle dans le pays. Je me souviens de mon étonnement quand j'arrivai ici pour faire mon apprentissage. Je n'avais que douze ans, et j'avais toujours vécu dans la campagne, à vingt-cinq lieues d'ici. J'avais perdu père et mère il n'y avait pas longtemps, et j'avais encore le cœur gros! Il ne me restait personne au monde que mon brave parrain, lequel voulut bien se souvenir de moi, quoiqu'il eût quitté le pays depuis longtemps, et me faire réclamer en disant qu'il voulait m'enseigner un bon état qui était le sien. J'étais bien misérable, mes parents n'ayant rien laissé ; mais on aime toujours son endroit, et je me souvenais si peu de mon parrain que je me trouvais malheureux de lui obéir. Si le maire et le curé de mon village ne m'eussent parlé sévèrement, je serais resté. Aussi je ne fis que pleurer tout le long du chemin, et quand j'entrai dans la Ville Noire, ce fut bien autre chose! la peur me prit. J'avais monté au hasard dans la ville haute, honteux et n'osant parler à personne. Quand je me décidai à demander la ville basse, on me rit au nez. — Pour trouver la ville basse, mon garçon, vous n'auriez pas dû faire une lieue en montant. A présent, il faut redescendre; mais on va vous montrer un sentier un peu roide qui vous y mènera tout droit. — Et je descendis à travers les jardins, puis le long du roc, et enfin dans les petites rues où l'on marche à tâtons, et je me hasardai à demander mon parrain, le père Laguerre. Descends encore, me fut-il répondu; descends jusqu'au Trou-d'Enfer, et là tu verras à ta gauche l'atelier où il travaille.

Je crus qu'on se moquait de moi : le Trou-d'Enfer! Je suis de la plaine, moi, et je ne connaissais guère les précipices. Et puis un trou d'enfer au milieu d'une ville, ça ne me paraissait pas possible! Et cependant j'entendais le grondement de la chute d'eau; mais comme la nuit était venue et que les flammes des fourneaux montaient par centaines sous mes pieds, je vis tout à coup la cascade éclairée et rouge, et je m'imaginai voir courir et tomber du feu. Je fus bien près de me sauver! Pourtant je pris courage, je me risquai sur une passerelle. Quand je fus au milieu et que je me sentis rebondir sur les fils de fer, je me crus perdu. Enfin j'arrivai ici, où nous voilà, et je m'enhardis à regarder le gouffre. La tête me tournait, j'avais le vertige ; pourtant l'étonnement et la nouveauté me faisaient oublier mon chagrin. Je m'imaginais être si loin de mon pays que je n'y pourrais jamais retourner, et je me disais : Puisque me voilà au fond de l'enfer pour le restant de mes jours, voyons comment c'est fait !

Le lendemain, mon parrain me promena dans toutes les fabriques, dans tous les ateliers, pour me faire voir l'endroit et m'habituer à m'y reconnaître. D'abord je crus que toutes ces usines soudées les unes aux autres n'en faisaient qu'une seule, et j'eus peine à comprendre qu'il y en avait autant de différentes que la rivière faisait de sauts dans les rochers. Puis, sous les hangars fumants et sur les passerelles en danse, je vis aller et venir quantité d'hommes et d'enfants tout noirs. — C'est les armuriers, les couteliers et les serruriers, me dit mon parrain.

C'est les hommes du feu. Regarde plus loin ceux qui, grands et petits, sont tout blancs, tout propres, et qui ont les mains douces comme des demoiselles : c'est les papetiers, les hommes de l'eau. Regarde bien, mon garçon, car tu n'as jamais rien vu de pareil. Il n'y a chose aussi belle au monde que de voir travailler tous ces gens-là, si vifs, si adroits, si savants ou si soigneux chacun dans sa partie : les uns vous retirant de la claie une petite couche de bouillie qu'ils savent étendre et manier comme une étoffe; les autres vous tortillant une barre de métal brut et se la passant de main en main si vite et si bravement façonnée, qu'en moins de vingt minutes vous la voyez changée en un outil commode, léger, solide, reluisant et enjolivé à souhait !

Et moi, je croyais rêver... Je passai ma journée à regarder sans m'en lasser l'industrie de toutes ces mains habiles qui avaient l'air de jouer avec ce qu'il y a de plus résistant comme avec ce qu'il y a de plus souple et de plus mou, l'acier trempé et la pâte claire. Je crois que le papier m'étonnait encore plus que la coutellerie; mais le fer me parut plus mâle, et je fus content d'être destiné à cela par mon parrain.

Dès le lundi matin, il m'emmena au travail. Tu sais quel homme c'est, le père Laguerre, et comme il s'escrime encore avec rage contre le fer et le feu malgré ses soixante-douze ans. Il me commanda de le regarder, et quand j'avais une distraction, bien naturelle à mon âge, il criait à me faire trembler et me menaçait de son marteau comme s'il eût voulu me fendre la tête.

Je n'eus pas longtemps peur de lui. Je vis bientôt que c'était l'homme le meilleur que j'eusse encore rencontré, et qu'en ayant toujours l'air furieux, il me couvait des yeux comme l'enfant de son cœur. Je n'abusai guère de sa bonté. L'ennui de ne rien faire me donna vite l'envie de travailler. J'étais jaloux de voir des enfants plus jeunes que moi se rendre déjà utiles et se montrer très-adroits. Je craignais un peu d'être moqué par eux; mais l'émulation me fit surmonter la honte, et tu sais que j'ai appris mon état aussi vite que ceux qui avaient commencé longtemps avant moi.

Voilà donc douze ans déjà que je travaille ! Il y en a déjà quatre que je gagne presque autant que les plus habiles, et que ma bonne conduite me permet de faire un peu d'économies. Personne n'a à se plaindre de moi ; les maîtres me témoignent de la confiance, et j'aime mon état. Je sais, je sens que le travail est une belle chose, enfin j'ai tout ce qu'il faut pour me trouver heureux, et, si je ne le suis pas, je reconnais qu'il y a de ma faute !...

Gaucher allait répliquer et interroger son camarade sur cette dernière réflexion, où il voyait revenir l'ennui secret d'une âme inquiète, lorsque la cloche de la fabrique avertit les ouvriers que l'heure du repas était finie. Quoiqu'ils fussent presque tous payés à la pièce et non à la journée, la cloche rappelait le devoir à ceux qui désiraient bien faire, et Gaucher, après avoir reporté l'écuelle à sa femme et embrassé ses deux enfants, retourna à l'ouvrage, en se promettant de confesser tout à fait son ami une autre fois.

Celui-ci resta au bord du Saut-d'Enfer, plongé dans ses réflexions. Quand il se décida à suivre l'exemple de Gaucher, il vit, en se retournant, la femme de celui-ci, qui s'était approchée pour lui parler.

— Sept-Épées, lui dit-elle, avez-vous fait confidence à mon mari de ce qui vous tourmente?

— Non, Lise, répondit-il; nous avons causé d'autre chose.

— Eh bien! reprit-elle, vous avez eu tort : mon Louis est homme de bon conseil, et je voudrais qu'il vous décidât à quelque chose. Vous savez bien que vous ne pouvez pas rester plus longtemps sans dire à Tonine : C'est oui ou c'est non. Ce ne serait pas d'un honnête homme!

Sept-Épées leva les épaules, non pas d'une façon méprisante, mais au contraire de manière à faire comprendre qu'il souffrait beaucoup de ne pouvoir répondre comme Lise le désirait. Elle eut pitié de son air triste. — Venez souper chez nous ce soir, reprit-elle. Peut-être que le cœur vous dira de consulter Gaucher.

— Vous ne lui avez donc parlé de rien?

— Non! vous m'avez demandé le secret, et je l'ai

gardé, parce que vous promettiez de parler vous-
même.

— Eh bien! reprit Sept-Épées, donnez-moi encore vingt-quatre heures,... à moins que je n'aille
souper chez vous dès aujourd'hui. Oui! j'irai,... je
tâcherai d'y aller! — Et il retourna au travail, laissant la jeune femme peu satisfaite de cette réponse
et inquiète de l'avenir de Tonine.

II

Tonine Gaucher était la cousine germaine de Louis
Gaucher. Orpheline comme Sept-Épées, elle ne pos-
sédait rien au monde que ses dix doigts, dont elle
faisait bon usage. Elle était plieuse dans une pape-
terie située en face de la coutellerie où travaillaient
son cousin et son amoureux.

Car il était amoureux d'elle, le jeune armurier,
et il le lui avait déclaré en lui demandant la permission de se promener le dimanche avec elle; mais

elle avait refusé, disant : — Demandez l'agrément de mon cousin et de sa femme, ce sont mes seuls parents, et je ne veux rien décider sans leur conseil.

— Ne voulez-vous pas leur parler de moi? avait dit Sept-Épées.

— Non! ce n'est pas à moi de leur parler de vous la première, je m'en garderai bien; ils croiraient que je suis décidée pour vous, ce qui n'est pas certain encore.

Cette réponse, plus fière que tendre, avait appris à Sept-Épées qu'il fallait marcher droit avec Tonine.

Tonine avait dix-huit ans, et déjà elle avait passé par des épreuves qui l'avaient portée à réfléchir. Il y avait eu un roman dans sa famille, sous ses yeux, à ses côtés, un roman dont son jeune cœur avait beaucoup souffert. Sa sœur aînée, Suzanne Gaucher, la plus jolie fille du pays, avait plu à un étranger d'origine, ancien ouvrier et encore propriétaire de la plus vaste usine de la ville basse, où, par d'heureuses spéculations, il avait fait sa fortune. Suzanne était sage, mais ambitieuse : elle avait su se faire épouser.

Devenue Mme Molino, elle avait pris sa petite sœur orpheline avec elle, moins par affection que pour ne pas avoir à rougir de son état d'ouvrière, car, à quatorze ans, Tonine travaillait déjà pour deux. Suzanne se promettait de la faire instruire et de la mettre sur le pied d'une demoiselle ; mais les rêves de Suzanne avaient été de courte durée. Molino était d'humeur volage, comme le sont beaucoup d'hommes passionnés. En peu de mois, il s'était lassé de sa femme. Il l'avait trahie, délaissée et maltraitée. Elle était morte de chagrin avant la fin de l'année en accouchant d'un enfant mort.

Molino fut d'abord repentant et affligé, mais il retourna au vice pour s'étourdir, et se voyant méprisé à la Ville Noire, menacé même par Louis Gaucher, qui vingt fois avait été tenté de le tuer, il afferma sa fabrique et alla s'établir à la ville haute, laissant Tonine devenir ce qu'elle pourrait, et donnant pour excuse que cette petite était fort insolente et ne voulait plus rien accepter de lui.

Le fait est que Tonine eût préféré la mort à l'aumône de son beau-frère. Elle avait vu sa conduite avec horreur, elle avait compris les illusions et le désespoir de la pauvre Suzanne. A quinze ans, après un an d'absence de l'atelier, elle y reparut aussi pauvre qu'elle y était entrée, aussi peu vaine et aussi courageuse.

Beaucoup d'autres à sa place y eussent été raillées ou dénigrées pour cette aventure de famille qui avait fait bien des jalouses dans le commencement ; mais si Suzanne avait pris de grands airs avec ses anciennes compagnes, il était impossible de rien reprocher de semblable à Tonine. Elle avait vécu à contre-cœur dans la richesse, elle n'y avait connu que le chagrin, l'indignation, la pitié.

Tonine n'était pas aussi belle que sa sœur. Elle était grandelette, mince et pâle. Mais sa figure était d'une douceur sérieuse qui la faisait remarquer entre toutes les artisanes de son âge. Sa voix était douce comme ses yeux, et quelques-unes disaient qu'elle plairait un jour plus que Suzanne.

On remarquait aussi en elle une élégance de manières que l'on ne pouvait point attribuer à sa courte phase de richesse, car Molino était fort mal élevé et ne voyait que des gens sans mœurs et sans tenue. Ni Suzanne ni Tonine n'avaient donc eu l'occasion de se former en pareille compagnie. Suzanne, vaniteuse et parée, était restée assez commune. Tonine était restée tranquille, propre et décente comme une enfant naturellement sage et fière qu'elle était. Cependant, comme elle avait du goût, elle avouait naïvement que si elle n'eût détesté les dons de son beau-frère, elle eût aimé la toilette, et de ses fréquentes promenades à la ville haute, elle avait conservé, par souvenir, le sentiment d'une certaine élégance ; sa pauvre petite robe était coupée par elle d'une façon plus gracieuse que celle des autres, et on n'y voyait jamais un trou ni une tache. N'allant jamais aux fêtes, même après que son deuil fut fini, ne se livrant point aux jeux échevelés avec ses compagnes, ne permettant à aucun garçon de déranger un pli sur elle, on eût dit, à la voir, qu'elle était d'une autre condition que ses pareilles, et pourtant elle sut si bien s'en faire aimer, que toutes s'efforçaient de lui plaire, et quelques-unes de lui ressembler.

Sept-Épées était le seul qui eût encore osé lui faire la cour, et tout aussitôt il s'en était repenti, car il y avait été un peu par gageure d'amour-propre avec lui-même, et, se voyant peu encouragé, il s'était promis de n'y plus songer. Il y songea pourtant et y resongea plus d'une fois, moitié penchant, moitié dépit. Voici comme il s'en expliqua avec son parrain, le soir même du jour où Lise l'avait engagé à souper, invitation dont il ne put se décider à profiter.

Comme le père Laguerre le grondait d'être rêveur et sans appétit depuis quelque temps, et lui demandait, de son ton rude et paternel, s'il était réellement coiffé de cette Tonine : — Eh bien, oui, j'en suis plus coiffé que je ne voudrais, répondit Sept-Épées. Je crois que cette fille pâle m'a ensorcelé. Depuis le temps où j'allais à l'école avec elle, moi très en retard et encore à moitié paysan, elle déjà savante, quoique beaucoup plus jeune, j'ai toujours fait attention à elle, et il me semblait qu'elle aussi faisait une différence entre moi et les autres. Peu à peu, soit vérité, soit imagination, je l'ai vue toujours plus distinguée, plus instruite, et ne laissant personne approcher d'elle. Je me suis figuré qu'elle était la plus jolie de nos ouvrières, et de fait elle est la plus élégante, la plus soignée de sa personne, et vous-même l'avez surnommée *la princesse*. J'ai donc été poussé par une ambition de plaire à celle qui se gardait si bien et se tenait si haut dans son idée, je croyais que ça m'aurait grandi dans la mienne.

Elle m'a renvoyé devant ses parents, ce qui m'a dépité. Il me semblait qu'avant de s'engager, il fallait se connaître davantage. J'ai donc cessé de lui parler, et un mois s'est passé comme cela. Je croyais qu'elle en serait étonnée, et qu'elle me ferait quelque avance ou quelque reproche ; mais il n'a point paru qu'elle se souvînt de mes paroles : elle était toujours la même, aussi tranquille et aussi indifférente. C'est moi qui me dépitais encore plus, sans qu'elle me fît l'honneur de s'en apercevoir. Alors j'ai parlé derechef, et pour la première fois je l'ai vue rire. Elle se moquait de moi. — Il faut, me répondit-elle, que mon cousin et ma cousine n'approuvent guère l'idée que vous avez pour moi, car ils ne m'ont point encore parlé de vous.

C'était me reprocher de ne leur avoir rien dit, et je me suis décidé à faire confidence de mon projet à Lise, mais par manière de conversation et sans trop m'engager. Lise m'a dit : — C'est bien ! ça me convient à moi. Je vais en parler à mon mari.

Je lui ai fait observer que je voudrais bien ne pas me compromettre vis-à-vis d'un camarade et d'un ami qui est comme le tuteur et le frère de Tonine, sans savoir si Tonine avait un peu de goût pour moi. Lise a trouvé cela assez juste, et comme elle a senti la conséquence de la chose, elle m'a promis de me laisser parler le premier à son mari. Quant à me dire si je plaisais à la Tonine, elle ne l'a pas pu ou elle ne l'a pas voulu, prétendant que si elle le croyait, elle ne jugerait pas devoir m'en informer avant de me voir bien décidé au mariage.

Voilà où j'en suis depuis trois mois, n'avançant à rien, car Tonine, quand je me laisse aller malgré moi à ne pas la bouder, me fait toujours la même réponse, et Lise s'entête à me faire parler avec son mari. Vous comprenez bien que le jour où j'aurai parlé à Gaucher, je serai lié, ce qui ne me ferait pas peur si j'étais sûr d'être aimé ; mais, comme j'en doute beaucoup, je recule jusqu'à ce que Tonine elle-même me donne confiance. C'est une grande chose de se marier, au moins faut-il plaire à sa femme !

— Tout est là, répondit le parrain ; veux-tu que je me charge de la questionner, cette princesse, en lui expliquant bien que tu ne reculeras pas le jour où tu te sauras bien vu d'elle ?

Sept-Épées ne répondit pas. — Allons, allons, veux-tu que je te dise? reprit le vieillard en roulant ses yeux brillants comme la braise, et en prenant tout à coup l'accent de la colère : tu voudrais la fille sans le mariage, et voilà ce que je trouve bête de ta part ! Il ne manque pas de femmes peu sévères dans la ville haute, qui est le rendez-vous des baladins et des aventurières, et je ne comprends pas que tu songes à faire une sottise à une honnête fille d'ouvrier de la Ville Noire !

Sept-Épées était accoutumé à entendre son parrain parler avec mépris de la ville haute. Loin d'en jouir par les yeux avec orgueil et contentement comme le jeune Gaucher, il la traitait avec une morgue de vieillard, et se vantait de n'y avoir pas mis les pieds sans nécessité trois fois en sa vie. Travailleur austère, cœur dévoué, cerveau étroit, ce vieux ne faisait aucune merci aux parvenus, raillait leur luxe, et, du fond de sa Ville Noire, blâmait les plus simples jouissances du bien-être comme des vices, comme des attentats à la dignité de la race ouvrière.

Ce ridicule et ce travers avaient pour compensation de véritables vertus civiques appliquées au court horizon du Val-d'Enfer. En dehors de sa gothique paroisse, il ne connaissait personne, et regardait les hommes en pitié; mais dès qu'il s'agissait de la Ville Noire, il devenait un héros de bravoure et de jactance, d'orgueil stoïque et d'aveugle dévouement. Jamais sénateur romain ne fut plus fier de son rang et ne considéra davantage comme ilotes et bannis les infortunés qui n'avaient pas droit de cité dans l'enceinte sacrée de la patrie.

Sept-Épées riait en lui-même de cette manie et

ne la combattait pas, dans la crainte de l'exaspérer.
Il jura à son parrain qu'il n'avait jamais eu la pensée
de séduire aucune fille de la Ville Noire, et Tonine
moins que toute autre, ce qui n'était peut-être pas
absolument vrai, bien qu'il ne se fût pas trop rendu
compte de ses sentiments.

Un peu calmé, Laguerre n'en continua pas moins
sa réprimande. — Vous autres jeunes gens d'aujourd'hui, dit-il, vous ne savez point ce que vous
voulez! Rien ne vous contente, et il me paraît, quant
à moi, que le monde nouveau devient fou. Une
femme courageuse et honnête ne vous suffit plus, si
elle ne vous fait des avances et des coquetteries, et
voilà un amoureux qui attend qu'on le prie et qu'on
vienne me le demander en mariage! Tiens, sais-tu?
je te trouve sot, et à la place de Tonine je te dirais
tout de suite d'aller promener tes pas et ton feu
ailleurs.

— Eh bien! reprit Sept-Épées sans s'émouvoir
des duretés de son père adoptif, voilà ce qu'elle devrait faire si je lui déplais! Je serais guéri, je n'y
penserais plus, tandis qu'en attendant que je me

décide, sans s'impatienter et sans me dire : « Vous avez trop tardé et je ne veux plus que vous me parliez, » elle me laisse toujours de l'espérance. Enfin aujourd'hui Lise m'a pressé de prendre un parti, en me donnant à entendre que Tonine avait peut-être reçu quelque autre proposition, et qu'elle voudrait savoir à quoi s'en tenir sur la mienne. Voilà pourquoi je vous consulte, mon parrain : tâchez de me répondre sans vous enflammer.

— Je ne vois pas sur quoi tu me consultes, répondit le vieillard adouci ; tu as l'air de me dire que le mariage te fait peur. Selon moi, tu as tort : il faut se marier jeune, afin d'avoir le temps d'élever et de pousser ses enfants ; mais il se peut que la Tonine ne fasse pas ton affaire, ou que tu n'aies pas encore assez réfléchi au mariage. Eh bien ! dans ce cas-là, il vaut mieux marcher droit dans la vérité, renoncer à cette fille, le dire à Lise, qui le lui répétera de ta part, et laisser passer un bout de temps avant de songer à une autre. Le plus pressé, vois-tu, c'est de ne pas faire d'affront à la cousine de ton ami Gaucher, et il n'y a pas d'affront quand on s'explique franchement, sauf à demander pardon d'une conduite un peu légère que l'on ne veut pas aggraver. Sur ce, j'ai dit. Voilà huit heures qui sonnent. Il faut être sur pied demain avec le jour. Si tu veux parler à Lise, dépêche-toi, et quand tu rentreras, éteins la lampe et n'oublie pas ta prière.

Cette dernière phrase était le refrain sacramentel du père Laguerre depuis douze ans que son filleul demeurait avec lui. Il savait bien que l'enfant était devenu trop raisonnable pour mettre le feu à la maison, et que, quant à la prière, il s'en dispenserait malheureusement à coup sûr ; mais il croyait devoir renouveler chaque soir l'injonction pour l'acquit de sa conscience.

Sept-Épées prit le chemin du logement de Gaucher, et, tout en marchant, il se demanda ce qu'il allait résoudre. Il ne lui paraissait pas aussi facile de se désister de ses offres qu'il l'avait laissé croire à son parrain. Quand on raconte ce que l'on voudrait bien pouvoir taire, on arrange toujours un peu les choses à son avantage. Sept-Épées n'était pourtant pas menteur, et en fait il n'avait pas menti :

Tonine ne l'avait pas encouragé en paroles, elle n'était pas tombée dans le désespoir en voyant ses hésitations ; mais elle en avait souffert, et, tout en faisant bonne contenance, elle avait eu les larmes aux yeux avec le sourire aux lèvres. Le jeune armurier était trop fin pour avoir pris le change. Il se sentait aimé, coupable par conséquent.

Mais il était très-beau garçon et déjà un peu gâté par les regards des jeunes filles, et, comme les patrons et chefs d'atelier le gâtaient aussi en se disputant son travail, comme enfin il s'était maintenu sage par orgueil, laborieux par ambition, et qu'il se voyait, grâce à son parrain, qui l'avait toujours nourri et logé, à la tête de quelques économies assez rondes, dans un âge où, vivant au jour le jour, on a ordinairement plus de dettes que de comptant, Sept-Épées sentait la prospérité lui monter au cerveau, et lorsqu'il avait parlé à Gaucher en termes dédaigneux de la folie des riches, c'était comme pour se défendre intérieurement des tentations et des rêves dont il se sentait lui-même follement assiégé.

Tout ce que Gaucher, provoqué par son silence et son air sceptique, lui avait dit de la nouvelle bourgeoisie de la ville haute, et de la possibilité, de la facilité même, pour un homme intelligent, de parvenir à cette brillante existence, était entré dans son cerveau comme un fer rouge. Le cœur lui avait battu d'espérance en écoutant un ami sage et sans ambition personnelle lui ouvrir les portes de l'avenir et s'efforcer de le pousser en avant, lui qui en frémissait d'impatience et qui feignait de se faire prier.

Cette conversation l'avait tellement ému que les remontrances de Lise et les questions de son parrain à propos de Tonine lui avaient rendu son éloignement pour le mariage, et surtout pour un mariage où Tonine ne pouvait lui offrir en dot que sa grâce et sa vertu.

Il se sentait donc très-soulagé quand il se répétait les paroles de Laguerre : « Demande franchement pardon de ta légèreté, et retire-toi vite pour ne pas aggraver tes torts; » mais en même temps il sentait ces torts déjà trop graves pour qu'il fût possible de reculer sans un peu de honte, et la mauvaise honte ne dispose guère à la franchise.

Il se hâta pourtant, espérant que Lise n'aurait pas encore parlé à son mari, et que Tonine serait au besoin assez prudente pour ne pas irriter Gaucher contre lui par ses plaintes. Gaucher, malgré sa douceur et sa gaieté habituelles, n'entendait pas raison sur l'honneur de sa famille. Il avait failli faire un mauvais parti à Molino. Sept-Épées n'était pas, comme Molino, homme à reculer et à fuir; mais il aimait Gaucher, et se brouiller avec lui en même temps qu'avec Tonine, c'étaient deux sacrifices à l'ambition au lieu d'un.

Il arriva donc chez son ami tout tremblant de crainte et d'audace, de chagrin et d'espérance, de résolution et d'incertitude, partagé et comme divisé contre lui-même.

La nuit était venue. En entrant dans la petite cour de la maison de Gaucher, Sept-Épées vit deux personnes, un homme et une femme, assises sur le banc devant la porte. Il reconnut la voix de Gaucher. La femme, qui avait un enfant sur les genoux, lui sembla devoir être Lise ; mais quand il fut tout près, il faillit reculer en voyant que c'était Tonine. Tonine ne demeurait pas chez son cousin. Elle était donc venue là pour savoir le résultat de l'entrevue annoncée sans doute par Lise. Lise était dans la maison, occupée à coucher son plus jeune enfant.

III

Sept-Épées rendit grâces à l'obscurité qui cachait l'embarras de sa figure ; mais, quoiqu'il eût de l'aplomb quand il se sentait dans son droit, il fit de vains efforts pour parler naturellement et à propos. Gaucher n'y prit pas garde ; Tonine, qui s'en aperçut tout de suite, parut vouloir venir à son aide.

— Je pense, compagnon, lui dit-elle avec sa petite gaieté douce qui ne la quittait guère, même quand elle avait le cœur gros, que vous ne venez pas à cette heure-ci pour parler à Gaucher du temps qu'il a fait aujourd'hui et de celui qu'il pourra faire demain. C'est donc moi qui vous gêne. Je vais coucher Rosette et reviendrai voir si, à moi aussi, vous avez quelque chose à dire quand vous aurez causé avec mon cousin.

Sept-Épées crut voir là un encouragement qui mit fin à ses incertitudes. Selon sa coutume de revenir à la défensive quand il s'imaginait être attaqué dans sa liberté, il se hâta de répondre pour empêcher Tonine de s'en aller, et s'asseyant en face d'elle sur une chaise qui lui barrait le passage : — Si je croyais, lui dit-il, que vous ne me serez pas contraire, je parlerais peut-être de ce que vous donnez à entendre; mais, aujourd'hui comme les autres jours, vous avez l'air de vous moquer de moi, et dès lors...

— Dès lors, quoi? fit Gaucher, étonné de la tournure que prenait la conversation. Je voudrais bien savoir à qui vous en avez tous les deux.

— Expliquez-vous, dit Tonine à Sept-Épées, et laissez-moi porter à sa mère cette Rosette qui s'endort.

— Donne-la-moi, dit Lise, qui vint sur la porte; c'est tous les trois ensemble qu'il faut vous expliquer. Sept-Épées est venu pour cela, je le sais; toi aussi, je m'en doute. Il n'y a donc plus à reculer.

Elle prit sa fille et rentra. Gaucher, surpris, exhorta Sept-Épées à parler. Tonine attendit qu'il parlât. Sept-Épées, cherchant une échappatoire qui ne venait pas, demeura plus muet qu'une souche.

Tonine sentit deux grosses larmes couler sur ses joues. Peut-être, s'il les eût vues, Sept-Épées eût-il été vaincu; mais il ne les vit pas, et Tonine comprit qu'elle devait tout prendre sur elle.

— Ne boudez pas, compagnon, dit-elle d'un ton enjoué qu'elle mit toute sa fierté et tout son courage à soutenir; je ne vous suis pas ennemie et je ne vous méprise pas. Je vous sais honnête homme et bon ouvrier; mais je n'ai guère l'idée de me marier à l'âge où je suis. Je me trouve trop jeune, et je ne crois d'ailleurs pas que nous puissions nous convenir.

Sept-Épées se sentit si bien battu par la dignité de Tonine qu'il fut plus piqué que réjoui de se voir libre. — Vous voyez bien, Tonine, lui dit-il avec dépit, que je ne me trompais pas sur vos sentiments pour moi, et que j'avais bien raison de ne pas me presser de vous demander en mariage; il me semble que vous auriez pu m'épargner la peine de venir ici pour en faire la démarche, et que, dès le premier jour où je vous ai parlé, vous étiez bien libre de me dire que je ne vous plairais jamais.

— Alors c'est moi qui ai tort, n'est-ce pas? lui répondit Tonine d'un ton de reproche si doux que lui seul put en comprendre l'amertume. Eh bien! je me justifierai comme je pourrai, ajouta-t-elle en s'adressant à Gaucher. Ne me prenez pas pour une fille qui tourne à la coquetterie, mon cousin, ce ne serait pas mon goût. La vérité est que votre ami Sept-Épées m'a fait entendre, il y a environ trois mois, qu'il avait quelque idée de se marier avec moi.

— Il a eu tort, dit Gaucher; c'est à moi le premier qu'il eût dû en parler.

— C'est vrai, répondit Sept-Épées, j'ai eu tort; j'ai eu la fierté de ne pas vouloir que Tonine se décidât sur les remontrances de ses parents. J'aurais souhaité la devoir à elle-même. C'est peut-être de l'orgueil, et vous savez que j'en ai...

— D'ailleurs, reprit Tonine, il voulait vous parler tout de suite, aussitôt que j'aurais dit oui. C'est moi qui l'en ai empêché en lui déclarant que c'était inutile.

— Comment arrangez-vous ça tous les deux? dit Gaucher. Il me semble que vous n'êtes pas d'accord. Le garçon se plaint de n'avoir pas été éconduit dès le premier mot, la fille prétend le contraire. Est-ce que tous les deux vous auriez tort?

— Peut-être, répondit Tonine; mais des deux côtés le tort n'est pas gros. Sept-Épées m'a parlé sérieusement, je lui ai répondu de même : mais nous ne nous sommes peut-être pas bien compris. Il a cru sans doute que je changerais d'idée ; il s'est trompé : il attendait ; moi, j'ai cru qu'il ne pensait plus à moi, j'ai négligé de lui répéter ma façon de penser.

— Et à présent, dit Sept-Épées, toujours partagé entre le contentement et le dépit, je n'ai plus d'illusions à me faire, et si j'en ai encore apporté ici quelques-unes, je peux les remballer et m'en aller coucher dessus.

— Un instant! s'écria Gaucher, qui était trop franc pour comprendre ce qui se passait; je vois que tu as du chagrin, mon camarade, et je vois aussi pourquoi tu en as depuis trois mois, pourquoi ce matin tu disais n'être pas heureux malgré ton goût pour le travail et le bon état de tes affaires. Eh bien! je veux, si c'est l'amour qui te gêne, savoir les raisons qu'elle a pour te refuser, cette Tonine! Elle n'en peut avoir de bonnes, car, outre que tu es pour elle un très-beau parti, je ne vois pas, moi, ce qui te manque pour plaire, et quel reproche on peut t'adresser.

— Alors, reprit Tonine en riant à contre-cœur, vous voulez donc nous faire disputer? Car si j'ai mauvaise opinion de lui, il s'en fâchera et me répondra des choses désagréables!

Sept-Épées était inquiet d'une explication qui pouvait tout raccommoder entre Tonine et lui, et pourtant il ne pouvait pas se soumettre à être mal jugé sans se défendre, et il insista pour la faire parler sur son compte.

— Puisque vous le souhaitez aussi, lui dit-elle, je

ne vous cacherai rien. Vous avez trop d'esprit et trop de convoitise pour la richesse. Ce sont des qualités sans doute que vous avez là, mais avec moi ce seraient des défauts. Quand vous m'avez parlé de mariage, Sept-Épées, vous avez cru me donner grande envie de vous en me disant : Je ferai fortune, je vous en réponds. Outre qu'en travaillant à la pièce je peux fournir le double des autres, j'ai dans la tête des inventions qui me feront avant peu l'associé de quelque maître...

— J'ai dit cela en l'air, répliqua Sept-Épées, confus et piqué, ou je vous l'ai dit en secret. Vous auriez dû, ou l'oublier, ou le garder pour vous, Tonine!

— Si c'est un secret, repartit la Tonine, je suis bonne pour le garder, soyez tranquille, et, en le disant devant Gaucher, je ne l'expose pas; mais, que ce soit sérieux ou non, j'ai vu là de quoi réfléchir. Je ne suis pas, disiez-vous, pour rester enterré dans la Ville Noire. J'y suis entré petit apprenti, j'en veux sortir maître et propriétaire ; moi aussi j'aurai quelque jour là-haut ma maison peinte et mon jardin fleuri; ma femme portera des robes de soie, et mes enfants iront au collége.

— Il a dit ça! s'écria le naïf Gaucher enthousiasmé : eh bien! pourquoi pas? Il y en a qui s'y sont cassé le cou, c'est vrai; mais bien d'autres qui n'avaient pas ses capacités y sont parvenus. C'est donc que vous croyez que l'ambition lui tourne la cervelle, et qu'il négligera le travail avant d'en avoir cueilli le fruit?

— Oui, dit Sept-Épées, de plus en plus blessé, voilà ce qu'elle croit! Elle m'a pris pour un songe-creux et une tête folle.

— Vous vous trompez, répondit Tonine, je ne crois pas cela. Je suis même presque sûre que vous réussirez, parce que...

— Parce que quoi? dit Gaucher, voyant qu'elle rentrait sa pensée en elle-même.

— Parce qu'il est très-courageux et très-habile, reprit en souriant Tonine, qui avait failli dire : parce qu'il n'aimera jamais personne!... Mais moi, ajouta-t-elle, c'est mon idée de ne pas sortir de mon état. Hélas! vous savez bien que j'ai sujet de me méfier après ce que j'ai vu si près de moi! Je ne prétends pas qu'il soit impossible à un enrichi de se bien conduire dans son ménage; mais je crois une chose : c'est qu'il est très-difficile à un bourgeois de se contenter toujours d'une fille d'ouvrier. Nous sommes trop simples, nous ne savons pas causer ni porter le chapeau. Les dames nous trouvent gauches et se moquent de nous. Moi aussi je suis fière, c'est mon défaut; je veux épouser mon pareil, et jamais un compagnon qui pense à la ville haute ne sera mon mari. Voilà tout ce que j'avais à dire; vous voyez, Sept-Épées, qu'il n'y a pas de quoi vous offenser. Chacun a son goût et sa volonté, je vous prie de ne pas m'en vouloir et de ne plus songer à moi.

Là-dessus, la Tonine se retira, quelque chose que pût lui dire Gaucher. Lise, qui était venue s'asseoir sur le banc, voulait aussi la retenir, car elle croyait avoir deviné qu'au fond du cœur sa cousine aimait le beau compagnon; mais tout fut inutile. Tonine voyait bien que Sept-Épées la retenait faiblement et craignait qu'elle ne se ravisât.

— Allons! dit Gaucher quand elle fut partie, c'est

une drôle de fille, et je ne la croyais pas si raisonneuse et si entêtée. Elle a eu l'esprit frappé par ce qu'elle a vu chez sa pauvre sœur; mais elle raisonne mal en ce qui te concerne, et tu feras aussi bien, mon camarade, de ne plus t'en tourmenter. Une femme qui a ces idées-là ne te convient point. Elle t'empêcherait de parvenir.

— Tu crois donc, Gaucher, reprit Sept-Épées tout rêveur, que je suis destiné à parvenir, moi? Prends garde! si je me trompais, il ne faudrait pas m'encourager!

— Mon cher ami, répondit Gaucher, je ne sais pas quelle découverte tu as pu faire, et, comme je n'entends pas grand'chose à la mécanique, je serais mauvais juge de tes inventions; mais il y a une chose que je t'ai dite ce matin et que je te redis ce soir, la croyant sûre : c'est qu'en gagnant douze francs par jour on peut, au bout de quelques années, avoir devant soi quelques *billets de mille*, s'associer et monter un atelier à soi. Après ça, on s'en tire plus ou moins bien; mais rien n'empêche qu'on ne réussisse, et moi je ne suis pas de ceux qui disent qu'on a tort de le vouloir. C'est le droit de l'homme de chercher à être heureux, et c'est peut-être le devoir de celui qui a des moyens. Le bonheur des uns, c'est l'encouragement des autres, et si ceux qui peinent n'avaient pas devant les yeux ceux qui se reposent, ils perdraient le courage. Suis donc ton chemin sans te laisser effrayer, ni par ton vieux parrain, qui croit que tous les habitants de la ville haute sont damnés, ni par la Tonine, qui a souffert dans son enfance et qui croit voir des Molino partout. D'ailleurs tu es jeune, et tu as besoin encore de ta liberté d'esprit. Ne songe donc ni au mariage ni à l'amour. Tu n'as pas un jour, pas une heure à perdre si tu veux faire fortune!

Quand Sept-Épées eut pris congé de Gaucher et de Lise, celle-ci gronda son mari des mauvais conseils qu'il donnait à ce jeune homme. — Tu es donc ambitieux aussi, toi? lui dit-elle.

— Ambitieux de te rendre heureuse, répondit gaiement et franchement le brave jeune homme.

— Oui, c'est bon, ce que tu me dis là, mais peut-être que tu regrettes de m'avoir épousée cependant!

— Ma foi non! dit Gaucher d'une voix forte et joyeuse; je n'aurais jamais eu la patience d'amasser du bien pour moi seul, et sans toi je ne me sentirais bon à rien!

Et il embrassa sa femme sur les deux joues. Sept-Épées, qui s'en allait, entendit de la rue ces baisers sonores et ces franches paroles. Son cœur se serra. « Ne songe ni au mariage ni à l'amour, lui avait dit Gaucher, ce qui signifie, se disait Sept-Épées à lui-même, ne connais ni le bonheur ni le plaisir! Quoi donc alors? le travail, l'obstination, l'enfer pendant toute ma jeunesse? C'est là un arrêt bien dur, et qui a l'air de condamner mon ambition! »

Sept-Épées, au lieu de rentrer chez lui, dépassa son logement, sortit de la ville, et remonta, comme au hasard, le courant impétueux de la rivière. La nuit était sombre, et, dans cette gorge profonde, le sentier n'était éclairé que par le reflet argenté des cascades. « Je devrais pourtant me trouver fort soulagé, se disait-il, car me voilà tout à fait délivré de la fantaisie du mariage! Cette Tonine est une brave fille, après tout, d'avoir présenté les choses de manière à ce que Gaucher n'ait point eu de reproches à me faire. Il s'imagine que c'est elle qui me refuse, tandis que si j'avais été forcé d'avouer la vérité, nous serions mortellement brouillés à cette heure! Oui, oui, la Tonine a de l'esprit, de la prudence et un cœur généreux! »

Et, tout en pensant à la conduite de Tonine, Sept-Épées se mit à la regretter et à se dire que la plus grande sottise qu'il eût faite n'était peut-être pas de l'avoir courtisée sans réflexion, mais d'avoir renoncé à elle après avoir trop réfléchi. Et puis, grâce à l'inconséquence à laquelle ne peut échapper une âme fière lorsqu'elle s'est laissé dominer par un moment de mauvaise foi, le jeune armurier se trouvait tout à coup blessé de l'espèce de dédain caché au fond du prétendu refus de Tonine. — Et si c'était un refus bien réel et bien volontaire! Si tout de bon elle le comparait à son beau-frère et le jugeait capable d'une conduite indigne! — Voilà où elle serait injuste et folle, se disait-il avec inquiétude. Non! il n'est pas possible qu'elle me confonde avec un être égoïste et grossier comme ce Molino! Quand m'a-t-elle vu brutal ou débauché? Et quelle apparence y a-t-il que je le devienne? Est-ce donc là le but de mon désir de richesse? est-ce qu'un homme intelligent songe au cabaret et aux mauvaises connaissances?

Convaincu de l'injustice de Tonine, Sept-Épées n'en fit pas moins son examen de conscience, comme s'il l'eût sentie à côté de lui, le pénétrant d'un regard sévère ou railleur, et il lui répondait : — Non, mon cœur n'a rien de lâche, mon cerveau n'a rien de dérangé! Ce n'est pas le dégoût du travail qui m'entraîne, ce n'est pas la vanité du luxe bourgeois qui m'aveugle. Mon but est plus élevé que cela. Je ne suis pas de ceux qui peuvent accepter un travail de machine pendant toute leur vie, car tout esprit un peu noble a horreur de l'esclavage; la tâche de l'atelier est abrutissante, et, dans le commerce, il y a un mouvement d'idées, des émotions, des intérêts variés, des calculs, enfin une certaine passion qui développe la vie dans une sphère moins étroite. Voudrait-on me voir, comme mon parrain, passer soixante ans à battre une barre de fer, toujours de la même manière, pour lui donner éternellement la même forme? Mon parrain est vieux! De son temps, quand on n'était pas soldat, on ne devenait jamais rien. Aujourd'hui c'est autre chose, l'industrie règne, et la jeunesse peut arriver à tout!

En discutant ainsi avec le fantôme de Tonine, il devint fort triste, car il lui semblait l'entendre gémir sur elle et sur lui, et la voix plaintive des eaux ruisselant à ses pieds prenait par moments l'accent d'un sanglot. Il se retournait alors involontairement pour se convaincre qu'il était seul, et, se voyant bien seul, il s'attristait encore plus, car il y avait au fond de lui-même une voix encore plus désolée que celle du torrent, et cette voix lui disait : — Te voilà seul pour toujours!

Cependant le démon de l'ambition qui le suivait dans les ténèbres l'aida à se rassurer. — Bah! bah! lui disait ce conseiller invisible, la Tonine est un peu moins sotte que les autres, voilà tout! elle n'a pas voulu se plaindre et avoir le dessous; elle a bien vu qu'elle n'était pas aimée sérieusement, et qu'une ouvrière comme elle serait un embarras dans la vie d'un garçon qui a de l'avenir. Elle est assez jolie ; mais ses mains blanches et son air de princesse ne l'empêchent pas d'avoir des idées très-étroites et la vanité démocratique, qui est la plus insupportable de toutes les vanités. D'ailleurs, pour être amoureux de sa femme au point de lui sacrifier ses projets et de l'atteler pour toujours à la misère, ou tout au moins à l'économie sordide, il faut être un peu simple, un peu ignorant comme ce brave Gaucher. Une fois brouillé avec l'espérance, on s'abrutit tout doucement dans le travail quotidien ; on arrive insensiblement à ne plus regretter, à ne plus comprendre le mieux ; on se néglige, on s'abandonne au moral et au physique. Sans doute Lise est une bonne femme, assez intelligente, et quand Gaucher l'a prise, c'était une rose pour la fraîcheur. Qu'est-elle devenue après deux ans de mariage ? L'ombre d'elle-même, et à présent qu'elle a deux enfants, elle est maigre, flétrie, souvent malpropre et déguenillée, ce qui est une vertu chez une mère de famille économe, mais ce qui refroidit et rebute un mari, à moins que, comme celui de Lise, il ne perde aussi le goût de l'élégance et le soin de lui-même. C'est donc ainsi que deviendrait Tonine au lendemain de ses noces? Je me trouverais avoir tué l'amour en lui sacrifiant tout!

En rêvant ainsi, Sept-Épées se trouva en pleine montagne dans des endroits si difficiles à franchir la nuit, qu'il s'arrêta et s'appuya contre une dentelure de granit pour ne pas rouler dans le précipice. Il avait perdu le sentier et ne savait plus au juste où il était.

IV

Il ne reconnut l'endroit où il se trouvait qu'en distinguant au-dessous de lui un coude que faisait le torrent, et, sur la blancheur de l'écume, l'angle noir d'un petit toit de fabrique. Tout le cours de la rivière était bordé de distance en distance par ces petits ateliers qui allaient toujours diminuant d'importance à mesure qu'ils s'enfonçaient dans la déchirure étroite des granits et qu'ils s'éloignaient de la ville. Il y en avait de si périlleusement situés que les ouvriers y risquaient d'être emportés par la crue de l'eau dans les jours d'orage, ou par la chute des blocs de rocher qui les surplombaient de toutes parts.

Sept-Épées pensa à la force et à la faiblesse de l'homme luttant ainsi d'âpreté avec la nature, lui disputant le trésor d'un filet d'eau qui à toute heure peut balayer ses espérances, ses travaux et sa vie. Loin d'être effrayé de cette idée, il se remit en mémoire que la misérable fabrique dont il contemplait la situation bizarre était depuis peu en vente, et à très-bas prix probablement, car celui qui l'avait élevée y avait mangé son petit avoir et était tombé sous le coup de l'expropriation forcée. Voilà, pensait le jeune ambitieux, le seul danger sérieux de la vie du travailleur : ce n'est pas d'être englouti par une trombe d'eau ou de se faire estropier par les machines, celui qui risque le tout pour le tout ne s'embarrasse pas plus de sa peau que le soldat qui va au feu; mais ne pouvoir pas museler cette bête enragée qu'on appelle la chance, la voir s'échapper après qu'on l'a vingt fois rattrapée et domptée, c'est peut-être de quoi devenir fou et renier Dieu!

Mais comme tout est aliment pour la passion, au lieu de plaindre le pauvre industriel et de redouter son mauvais sort, Sept-Épées ne songea qu'à profiter de son désastre. — Je suis sûr, se dit-il, que cette bicoque ne se vendra pas plus de ce que représentent deux années de mon travail; une autre année payerait l'équipage et les outils. Or j'ai quatre années d'économies, et dès demain je pourrais être maître si je voulais, maître en petit à coup sûr, au dernier échelon de la caste; mais à vingt-quatre ans c'est rare, et c'est honorable. Il me faudrait bien peu de temps pour faire prospérer ce petit établissement; je le revendrais alors le double, peut-être le triple de ce qu'il m'aurait coûté, ce qui me permettrait d'en acheter un plus considérable, et ainsi de degré en degré, en me rapprochant du centre de nos industries, c'est-à-dire en descendant le cours de la rivière, je remonterais celui de la fortune.

Cette métaphore charma les esprits de l'armurier.

Quand on s'est trouvé aux prises avec de grandes perplexités de la conscience, on prend quelquefois avec plaisir une formule quelconque, un simple jeu de mots qui se présente, pour une solution triomphante. Les gens simples et enthousiastes sont volontiers fatalistes. Le jeune artisan s'imagina que sa destinée l'avait amené en ce lieu sauvage pour y mettre la main sur l'instrument de sa richesse.

Il rassembla ses souvenirs. Il connaissait bien l'endroit pour un des plus effrayants et des moins fréquentés du Val-d'Enfer. Pourtant il y avait un sentier praticable qui montait à la route de la ville haute, et un petit chemin de mulets qui longeait le torrent et s'en allait, par de nombreux détours, rejoindre la ville basse. Il n'y avait guère plus d'une demi-lieue, soit par la rampe, soit par le fond du ravin.

Cette usine se nommait *la Baraque*, un nom bien méprisant, et l'endroit où elle était située *le Creux-Perdu*, un nom de mauvais augure! Pourtant le courant de l'eau y était fort, et la roche de bonne qualité pour bâtir si l'on voulait s'étendre. La fabrication que l'on y avait établie était des plus humbles : elle consistait en outils de jardinage et d'agriculture élémentaire ; mais le voisinage de plusieurs fermes et villages situés au revers de la montagne devait assurer un débit régulier, si l'on voulait y courir les foires et marchés. A cette fabrication on pouvait adjoindre à peu de frais la clouterie.

Sept-Épées éprouvait un peu de dégoût pour ces travaux grossiers, lui qui excellait à tremper la lame d'un poignard ou d'une épée et à monter ces nobles armes avec goût et avec science ; mais ne pouvait-on pas appliquer l'habileté et le raisonnement aux productions du dernier ordre, rendre plus légère et plus sûre la serpe ou la faucille aux mains du paysan, perfectionner le plus simple outil et y faire sentir la supériorité de l'ouvrier ?

Il rêva une existence libre et active. Il se voyait déjà propriétaire de deux ou trois forts mulets, promenant sa marchandise dans les hameaux de la plaine, ou, encore mieux, monté sur un bon petit cheval de la montagne et allant dans des villes plus éloignées nouer des relations, s'emparer, grâce à son langage clair et correct, à ses manières honnêtes et à sa figure sympathique, de la clientèle des détaillants. Il voyait du pays, il respirait à pleins poumons l'air des champs fertiles, lui enfermé depuis douze ans dans le noir abîme du Val-d'Enfer! Il acquérait des connaissances, il se faisait apprécier. Son instruction et sa probité le rendaient en peu d'années un homme important, considéré, pouvant rendre des services et s'appuyer sur un crédit toujours grandissant. Enfin il aspirait à monter, sans bien se dire où il s'arrêterait, ne se connaissant aucun mauvais désir à satisfaire, ayant surtout soif d'agir pour agir, et regrettant seulement son point de départ, le chagrin secret de Tonine, car, sans ce reproche intérieur, ses volontés et ses espérances n'avaient rien que de légitime.

Plus il regardait cette baraque du Creux-Perdu, plus il se l'appropriait dans sa pensée. Ce site effroyable, ce lieu désert lui semblait un atelier digne de son audace. — Ici je serai seul maître et seigneur chez moi! J'aurai des ouvriers que je traiterai plus humainement que je n'ai été traité par ceux qui ont exploité mon talent jusqu'à ce jour. Je serai le roi de cette solitude, nul autre que moi ne vaincra ce torrent et ne bravera ses colères, nul autre bruit que celui de mon travail ne luttera contre son bruit. Je planterai là ma tente pour deux ou trois ans tout au plus. J'y aurai quelques livres, et, les voyages aidant, j'étudierai à fond ma partie. Je sortirai de là plus malin que ceux qui se vantent de tout savoir sans avoir rien vu et rien lu. Alors peut-être cette fière Tonine regrettera-t-elle de m'avoir laissé quitter la Ville Noire sans m'avouer sa peine et sans faire un effort pour me retenir.

Le propriétaire de la baraque était un certain Audebert, que Sept-Épées connaissait fort peu, et qui passait pour une pauvre cervelle d'homme. Il l'avait vu quelquefois, et s'en était éloigné comme d'un bavard, outrecuidant bonhomme, qui faisait hausser les épaules aux gens sérieux et positifs. Il y avait longtemps qu'on ne l'avait vu à la Ville Noire; il avait fait beaucoup d'allées et de venues aux environs pour tâcher de relever ses affaires, et n'avait inspiré de confiance à personne. En ce moment, on le croyait à Lyon. S'il ne revenait pas au bout de la semaine avec de l'argent, ses créanciers étaient décidés à tout saisir chez lui. Voilà ce que Sept-Épées se rappela avoir entendu dire à son parrain quelques jours auparavant.

Il fut donc très-surpris, au moment où il se disposait à reprendre le chemin de la ville, de voir un jet de lumière qui paraissait sortir de la fabrique abandonnée, se glisser, s'étendre et se fixer sur le coude écumeux de la rivière qui en baignait le seuil.
— Oh! oui-da! pensa-t-il, c'est comme un fait exprès! Il y a là du monde et de la clarté! Je ne suis pas superstitieux, sans quoi je me persuaderais bien que quelque bon ou mauvais esprit me conduit à mon salut ou à ma perte! Il faut que, sur l'heure, j'aille examiner cet établissement, dans lequel je ne suis jamais entré.

Guidé par la clarté mystérieuse, Sept-Épées descendit de roche en roche et atteignit l'entrée de la baraque. Elle était fermée, la lumière sortait d'une ouverture de la galerie supérieure. Aucun mouvement ne révélait cependant la présence d'un être humain.

Sept-Épées frappa ; mais soit que le clapotement de l'eau couvrit le bruit, soit que l'on ne voulût pas répondre, il frappa en vain. Sentant sa curiosité excitée par ce silence, et remarquant que la lumière se projetait sur un rocher planté au beau milieu de l'eau, et tout à fait en face de la fabrique, il franchit le bras du torrent sur une planche qui y était fixée, et grimpa le bloc de manière à voir dans l'intérieur de l'habitation. L'eau était si resserrée en cet endroit, que d'un saut hardi on eût pu la franchir.

Il vit alors distinctement un spectacle assez étrange. Un homme était seul dans ce hangar, le dos tourné à la lumière, qui se reflétait sur son front chauve et luisant. C'était un crâne élevé comme ceux des enthousiastes, mais défectueux dans la fuite du front, qui dénotait le manque de suite ou de force dans la réflexion. Il s'occupait à écrire au charbon sur le mur. Il écrivait gros et péniblement. Quand il eut fini, il se retourna, et Sept-Épées reconnut le pauvre Audebert, qui lui parut pâle avec les yeux ardents. Cet homme prit une corde, et fit lentement et avec réflexion un nœud particulier qu'il recommença plusieurs fois, après quoi il disparut.

Une idée sinistre traversa l'esprit du jeune armurier. Il regarda avec attention ce qui était écrit sur le mur, et parvint à lire ces mots, dont il est inutile de reproduire les incorrections : « Je meurs de ma main, pour la honte et le chagrin que j'ai d'avoir tout perdu. J'ai été honnête homme et courageux. Priez pour mon âme. » Sept-Épées, voyant bien qu'il avait assisté aux préparatifs d'un suicide, allait s'élancer de nouveau vers l'usine, quand il vit reparaître le malheureux artisan. Celui-ci s'approcha du mur et effaça le mot *meurs*, pour le récrire autrement ; puis il l'effaça de nouveau et se décida à le rétablir tel qu'il l'avait écrit la première fois. Son incertitude venait probablement de ce que, ne sachant pas bien l'orthographe, il voulait être bien compris par ceux qui le liraient. Peut-être aussi un dernier sentiment d'amour-propre naïf le préoccupait-il à cette heure suprême.

Sept-Épées se demanda rapidement comment il pourrait arracher cet infortuné à son funeste projet.

La porte était bien fermée, et quand il réussirait à l'enfoncer, il serait peut-être trop tard. Il lui vint une bonne inspiration, qui fut de crier de toutes ses forces : « Au secours ! à l'aide ! à moi, mes amis ! »

Il n'est guère d'homme qui, au moment d'en finir volontairement avec la vie, ne soit distrait de lui-même par l'occasion de sauver son semblable. Le malheureux vieillard, qui avait peut-être la tête déjà passée dans la corde, s'élança dehors et trouva Sept-Épées qui accourait vers lui, et qui le saisit dans ses bras, triomphant du succès de son stratagème.

— Diable ! vous m'avez bien dérangé, dit le pauvre Audebert, quand tout fut expliqué de part et d'autre ; mais ce qui est différé n'est pas perdu !

— Mon ancien, ce que vous dites là n'est pas beau ! lui répondit le jeune artisan en entrant avec lui dans la fabrique. Vous n'avez ni femme ni enfants, je le sais ; mais n'avez-vous donc pas un seul ami ?

— Non, mon garçon, je n'ai plus d'amis, et quand tout ce qui est là sera vendu, mes dettes ne seront pas toutes payées.

— Eh bien! l'honneur vous oblige à travailler jusqu'à ce qu'elles le soient!

— C'est vrai, mais mon courage est à bout, et, ne me sentant plus bon à rien, je préfère la mort à la honte de mendier.

Sept-Épées pensa que le meilleur moyen de distraire cet homme découragé était de lui faire raconter ses peines, et il le questionna.

— Mon histoire n'est pas gaie, répondit le vieillard. J'ai été marié et père de famille comme ton parrain Laguerre, qui me connaît bien et qui sait bien que je n'ai jamais fait tort d'un sou à personne. Nous étions amis, nous nous sommes brouillés parce que je n'ai pas voulu suivre ses conseils. Ayant perdu tous deux, vers l'âge de quarante ans, nos enfants et nos femmes à l'époque de l'épidémie, nous avons pris chacun un chemin différent. L'idée de ton parrain était d'amasser de l'argent pour être tranquille sur ses vieux jours, ce qui ne l'a pas empêché d'arriver jusqu'à l'âge qu'il a sans se reposer et sans se donner la moindre douceur. Celui qui aime l'*argent mort* n'en trouve jamais assez, et moins il en profite, plus il en souhaite. Ce n'est pas que je veuille taxer ton parrain d'avarice : je sais qu'il est bon pour toi, je crois qu'il te laissera ses écus, et, comme on te dit bon sujet, sa peine n'aura pas été perdue; mais tu aurais pu faire ton affaire sans lui, ou il aurait pu assurer mieux ta fortune en faisant un peu prendre l'air à la sienne. Moi, j'ai agi autrement. Les événements m'ont donné tort, ce qui ne m'empêche pas de croire que j'avais raison. A quoi bon d'ailleurs t'exposer mes idées? Tu dois avoir celles du père Laguerre et penser qu'il vaut mieux tenir que courir.

— Non, répondit Sept-Épées, je n'ai pas les idées de mon parrain : c'est pour cela que je ne compte point sur son héritage. J'espère être bientôt sorti de la Ville Noire, et je sais bien qu'à partir de ce jour-là il ne s'intéressera plus guère à mon avenir; mais c'est de vous qu'il s'agit, et je vous assure que vous pouvez me dire votre manière de voir sans craindre que je vous blâme ou que je vous raille.

— Oh! alors, reprit Audebert, c'est différent! Je vois que, toi aussi, tu entends la vie active; mais peut-être ne l'entends-tu pas absolument comme moi, et c'est là-dessus que je consens à m'expliquer. Ce sera probablement pour la dernière fois... Eh bien! je n'en veux pas au bon Dieu de m'avoir envoyé un garçon d'esprit pour témoigner de mon bon cœur quand je ne serai plus là pour me défendre. Mais voilà cette chandelle qui finit; quand je l'ai allumée, je croyais bien qu'elle durerait plus que moi! Viens sur le bord de l'eau; si je me console d'être encore de ce monde, c'est parce que je pourrai encore ce soir regarder les étoiles. Il n'y en avait pas une seule dans le ciel quand le désespoir m'a pris, et voilà que le temps s'éclaircit un peu, comme mon cœur, ranimé par la bonté du tien; mais les nuits sombres reviendront, mon enfant, et avec elles une idée plus noire que la tombe, l'idée que je ne suis estimé et chéri de personne.

— Voyons, reprit Sept-Épées, ce que vous me dites là, c'est de l'ingratitude. Si vous méritez l'amitié, comme vous le dites, pourquoi n'en aurais-je pas pour vous? Essayez de m'en inspirer avant de m'en croire incapable.

— Tu as raison, brave enfant que tu es! dit Audebert en passant son bras sous celui de l'armurier. Viens, viens, je te dirai tout! Je me confesserai à toi devant Dieu!

V

Quand les deux artisans furent assis dehors, Audebert parla ainsi :

« A quarante ans, j'aurais pu me remarier avec quelque veuve, car à ce moment-là le choléra avait fait bien des places vides dans les ménages; mais j'avais eu trop de chagrin de perdre ma petite famille, et je ne me sentais plus capable d'en aimer une seconde au point où il faut l'aimer pour supporter les fatigues et les soucis du travail. Celui qui vit seul est du moins à l'abri de toute inquiétude sérieuse. Il peut en prendre à son aise. Nos industries sont assez bonnes, et ce qui les rend misérables, c'est quand nous avons trop de monde à nourrir.

« Je restai donc seul et triste pendant plusieurs années, travaillant pour me distraire de mes regrets, et ne dépensant rien, parce que j'avais le cœur trop brisé pour entendre rire et chanter. Il en résulta que l'argent s'amassa de lui-même, et quand j'en eus un peu devant moi, un jour que je me sentais plus abattu que de coutume, j'eus l'idée de faire comme ton parrain a fait plus tard, c'est-à-dire d'adopter un orphelin pour donner à quelqu'un le bonheur dont je ne pouvais plus jouir pour mon compte.

« Cette idée-là me conduisit à réfléchir à la misère de l'artisan en général, car, en cherchant dans la ville l'enfant le plus digne de ma pitié, j'en vis tant (et peut-être encore plus parmi ceux qui ont père et mère que parmi ceux dont la charité publique se préoccupe), que j'aurais voulu pouvoir les adopter tous. Alors je changeai de projet et j'imaginai de trouver le remède à la misère.

« C'est là un grand souci, et qui ne me laissa plus un moment de repos. Je pensai d'abord à l'association, dont nous pratiquons une ébauche dans nos règlements de compagnonnage; mais, pour l'étendre convenablement, il faudrait un premier capital assez rond et une première pensée assez forte. Ne me sentant pas les connaissances et les talents qu'il faudrait pour fonder une société et y faire concourir des personnes riches, je me mis en tête de me créer un capital dont je pourrais par la suite me servir d'une manière ou de l'autre pour le bien de tous. Je ne savais pas encore ce que je pourrais proposer, et j'ai fait là-dessus bien des projets qu'il est inutile d'énumérer, puisque j'ai échoué pour la création du capital nécessaire ; mais je tiens beaucoup à te dire, jeune homme, que ce n'est pas l'amour de l'argent qui m'a jeté dans les entreprises : c'est l'amitié que je sentais pour tous mes camarades malheureux. J'aurais voulu, comme Henri IV, dont j'ai lu l'histoire, mettre la poule au pot de tous les artisans, et je me sentis tout d'un coup possédé d'un grand amour-propre, comme si j'entendais dans ma tête une voix qui me disait : « Marche, et crois en toi-même ! Tu as été choisi pour devenir le père du peuple de la Ville Noire ! »

« Voilà ce qui m'a perdu, mon pauvre enfant! Je me suis cru un homme au-dessus des autres, et je n'ai pas voulu calculer, tant j'avais la foi qu'une providence faite exprès pour moi viendrait à mon secours. Je me dépêchai de placer mes économies dans cette bicoque, que je payai beaucoup trop cher, faute de patience pour marchander. J'y mis des ouvriers, plus qu'il ne m'en fallait, car je me trouvai bientôt encombré de produits que je vendis mal par trop de confiance, et ma confiance venait, je dois m'en confesser comme on se confesse à l'heure de la mort, de ce que je ne voulais pas croire qu'avec des projets si généreux, je ne trouverais pas l'aide et la considération qui m'étaient dues partout.

« Enfin j'ai trop compté sur ma destinée, et elle-même s'est plu à me tromper, car une année vint où je fis d'assez beaux profits, et dès lors ma pauvre tête s'exalta. Je crus que je touchais à la richesse, et je me mis à agir comme si je la tenais déjà. J'achetai quelques terres, dans l'idée d'y fonder une espèce de ferme modèle.

« Et cependant je ne tenais rien, car ce que je

venais de gagner couvrait à peine ce que j'avais perdu. Je commençai à m'endetter sans inquiétude. Puis, l'inquiétude arrivée, je fis des projets étonnants pour sortir d'embarras. Je m'imaginai une fois qu'en exposant mes idées pour le bonheur du peuple, idées que j'avais peu à peu mûries dans ma tête, je trouverais des gens instruits pour me tendre la main et m'aider à réaliser mes plans. Ne sachant pas bien écrire, j'allai consulter un homme très-bon et très-savant de la ville haute, et je lui proposai de lui faire part de mes découvertes, qu'il pourrait ensuite rédiger et faire connaître aux autorités. Cet homme, c'était M. Anthime, dont le fils est médecin depuis peu. Il n'est pas riche, mais il est très-écouté et très-considéré dans le pays, tu dois savoir cela.

« Il m'écouta avec patience et attention; mais, moi, quand je me vis forcé de rassembler les pensées qui m'agitaient, bien qu'on m'ait toujours dit que j'avais parfois un langage au-dessus de mon état, je ne pus rien trouver de clair et d'utile à dire. Je faisais très-bien le blâme des choses qui existent, et je dépeignais même avec éloquence les malheurs et les souffrances de l'artisan ; mais quand il fallait arriver à fournir le remède que je m'étais vanté d'avoir, mes pensées se troublaient et se confondaient dans ma pauvre tête, et je ne réussissais pas à les débrouiller. Sans doute il était trop tard, j'avais déjà trop souffert pour mon compte.

« Mon ami, me répondit celui que je consultais, tout ce que vous avez rêvé confusément a été examiné, écrit, publié, proposé et discuté par de plus habiles que vous. On n'a pas encore résolu le problème de la misère d'une manière promptement applicable, et on y travaille toujours. C'est une bonne chose d'y travailler ; mais, comme c'est la chose la plus difficile qui soit au monde, il faut, pour y travailler utilement, beaucoup de génie et d'instruction. Je ne doute pas de vos capacités naturelles, mais vous ne savez rien de ce qui se passe à dix lieues de votre Ville Noire, et vous ne vous faites aucune idée de la société. Vous perdez votre temps, et vous vous épuisez le cerveau sans profit pour personne. Vous feriez mieux de songer à gagner votre vie, et, comme je sais que vous êtes très-gêné, je mets ma bourse ou ma signature à votre service.

« Je refusai follement l'une et l'autre. J'étais offensé et désespéré d'être considéré comme un fou et un imbécile, moi qui m'étais cru si grand ! Je revins méditer sur mon rocher, comme un autre Napoléon à Sainte-Hélène, et là, dans la contemplation du ciel et de la nature, je sentis revenir toutes les fumées de mon orgueil.

« Hélas ! un méchant démon se moquait de moi, car dans la solitude j'étais rempli de pensées sublimes, et je me les exprimais à moi-même d'une façon claire, brillante. Seulement tout cela se dissipait quand je voulais en faire part à quelqu'un, et il suffisait de la contradiction du dernier de mes apprentis pour me démonter.

« Un jour je m'aperçus qu'on ne me contredisait plus et qu'on se détournait de moi comme d'un insensé ou d'un radoteur. La honte me vint, et avec la honte un chagrin si grand que j'étais prêt à toutes les extravagances. Je sentais partir tout à fait ma cervelle, et je ne revenais à moi qu'après avoir versé beaucoup de larmes très-amères.

« Cependant mes affaires allaient de mal en pis.

« Je les négligeais chaque jour davantage. M'en occuper me navrait d'ennui et de dégoût. Je n'avais de répit qu'en les oubliant pour rêver encore au salut du genre humain.

« Qu'importe que je sois perdu, qu'importe que je succombe? Si je laisse après moi le secret de rendre les autres heureux, j'ai bien de quoi me consoler : voilà ce que je me disais, mais je ne trouvais le secret du bonheur ni pour moi ni pour les autres.

« Quand je vis mon pauvre bien près d'être saisi et ma personne à la veille d'être décrétée de prise de corps, j'ouvris enfin les yeux sur la réalité, et je reconnus que le bourgeois charitable et raisonnable qui m'avait averti m'avait trop bien jugé. J'allai lui demander de me sauver par sa signature, mais il était trop tard; il avait été blessé de mon impertinence, et il pensait d'ailleurs que me laisser mon instrument de travail, c'était me laisser mes illusions.

Il m'offrit un secours passager qui me parut une nouvelle injure, et que je n'acceptai pas.

« Alors l'idée de la mort me vint et de ce moment-là j'ai été guéri et soulagé. Tu me vois tranquille, mon enfant, parce que j'ai trouvé le moyen de protester par le suicide contre les mauvais jugements qu'on a portés sur moi. On a dit que j'étais un poseur et un ambitieux, un mendiant, un fripon, que sais-je? Quand un homme tombe, on le pousse au plus bas. Dieu m'est témoin que je n'ai voulu tromper personne, et que mon malheur est venu, comme disait M. Anthime, de l'ignorance, « piége et tourment de l'artisan qui a trop d'imagination; » peut-être aussi le chagrin d'avoir perdu en huit jours ma femme, ma sœur et mes trois enfants, chagrin terrible, suivi d'une existence solitaire pour laquelle je n'étais pas fait, m'a-t-il porté au cerveau. J'ai été fou, je le veux bien, je le crois à présent que tout le monde m'a abandonné; mais j'ai été sincère, j'ai voulu du fond de mon cœur rendre service à mes pareils. J'ai été confiant et bon, j'ai cru à Dieu, j'ai cru à moi et aux autres : je me suis trompé, c'est sûr! Ce n'est pas une raison pour que je sois un lâche et un menteur, et la preuve, c'est que, ne voulant être à charge à personne et ne pouvant me consoler du chagrin d'être inutile, je suis décidé à en finir aujourd'hui ou demain. »

— Eh bien! vous avez là une mauvaise pensée, répondit Sept-Épées après avoir un peu réfléchi à ce qu'il pourrait trouver pour détourner Audebert de sa résolution. Vous ne réussirez pas par ce moyen-là à vous relever dans l'opinion. C'est le contraire qui arrivera. On croira que votre conscience vous a fait des reproches, car chacun sait qu'un homme qui n'a rien sur la conscience peut toujours se consoler de ses malheurs. A mon avis, votre idée de vous tuer est encore le plus gros de vos péchés d'orgueil et la plus grande de vos illusions, car, au lieu de vous plaindre, on vous méprisera.

Cette menace parut faire impression sur Audebert, car il répéta à plusieurs reprises : — Me mépriser, moi! Il y aurait des gens assez durs et assez injustes pour mépriser un pauvre homme qui a eu le courage de se tuer!

— Il ne faut pas beaucoup de courage pour cela, reprit Sept-Épées ; c'est si vite fait ! Il en faut bien davantage pour vivre et pour se remettre à gagner sa vie.

— Il en faut trop !

— Donc vous n'en avez pas assez !

— Possible ! Je ne veux pas me soumettre à devoir mon pain aux autres, après avoir espéré pendant si longtemps que je pourrais leur en donner.

— C'est donc devoir son pain aux autres que de recevoir leur agent en échange du travail qu'on leur fournit ? A ce compte-là, il n'y aurait personne de libre ; les paresseux et les voleurs auraient seuls droit de lever la tête.

Sept-Épées, qui avait de l'esprit et du jugement, et dont le cœur était généreux, dit encore à l'enthousiaste Audebert beaucoup de choses très-justes, et finit par l'ébranler si bien que cet homme lui promit de ne pas attenter à sa vie avant trois mois de réflexion. Il ne fut pas possible de lui faire jurer davantage, mais il le jura, et c'était beaucoup dans la situation d'esprit où il se trouvait.

— A présent que vous voilà un peu plus raisonnable, reprit le jeune armurier, il faut me dire en conscience ce que vaut votre fabrique. Je vous la payerai plus cher qu'elle ne sera évaluée à la criée, et, toutes vos dettes payées, vous verrez tout le monde revenir à vous.

— Quoi! malheureux enfant! s'écria Audebert, tu voudrais acheter cette bicoque? Non, non! je t'estime trop pour te conseiller cela! C'est un endroit maudit : le diable s'y est embusqué, vois-tu, et personne n'y fera ses affaires, puisque je n'ai pas pu y faire les miennes!

— Permettez-moi de vous dire que ce n'est pas une raison, puisque vous confessez avoir mal gouverné vos intérêts. Voyons, ne voulez-vous pas faire affaire avec moi? Je vous garderai ici comme maître ouvrier, et vous aurez l'agrément de causer de temps en temps avec un ami qui ne se moquera pas de vous, car je vois bien que si vous n'êtes pas assez savant pour faire le bonheur du genre humain, — de plus savants que vous n'y ont pas réussi, à ce qu'il paraît, — vous n'êtes pas non plus un homme ordinaire. Je vous ai entendu avec beaucoup de plaisir, et, bien loin de mépriser ceux qui ont une idée fixe, je crois qu'ils valent mieux que ceux qui n'ont rien dans le cœur ni dans l'esprit.

— Allons, s'écria Audebert, voilà enfin une bonne parole, et qui me fait plus de bien que tous les raisonnements. J'accepte. Je serai ton ouvrier, et demain nous irons voir ensemble l'avoué chargé de ma liquidation. Je ferai tout ce qui dépendra de moi pour que tu aies la baraque à bon marché, sans frustrer mes créanciers.

Sept-Épées ne voulut pas laisser son nouvel ami passer la nuit seul dans la montagne. Il craignait le retour de quelque hallucination. Il alla effacer avec lui les paroles sinistres écrites sur le mur, et l'emmena chez son parrain, à la Ville Noire.

Il comptait et voulait lui céder son lit, car il était un peu raffiné de sa personne et aimait mieux coucher sur la paille que de sentir un compagnon à ses côtés; mais Audebert refusa de prendre sa place, et, avisant le parrain qui dormait comme une pierre et ronflait comme un fourneau : — Ce ne sera pas la première fois, dit-il, que nous aurons dormi, celui-ci et moi, sur la même paillasse. Nous avons été amis et compagnons de jeunesse. Je connais la dureté de son somme, et je te réponds qu'il ne s'apercevra pas de mon voisinage.

En effet, le père Laguerre, en s'éveillant avant le jour, selon sa coutume, fut fort étonné de trouver un camarade endormi à ses côtés. Il pensa que son filleul s'était attardé et enivré, et qu'en rentrant il s'était trompé de lit. Il commençait à pousser l'intrus en bas, en grondant, quand Audebert s'éveilla, et lui dit : — Eh bien ! qu'est-ce que c'est ? Ce n'est pas un chien qui a sauté sur ton lit, c'est un ancien ami qui t'aurait offert le sien, et son vin et sa table, et sa bourse, s'il eût fait sa fortune. Il a tout perdu, ce n'est pas une raison pour le mépriser ! donne-lui la main, et le temps de se lever pour partir.

— Je vois ce que c'est, répondit Laguerre en fronçant son sourcil hérissé ; vous voilà au bout de votre chapelet, vous n'avez plus ni sou ni maille, ni feu ni lieu, ni flatteurs ni amis, et vous venez réclamer l'hospitalité, à peu près comme ces oiseaux paresseux, qui, ne sachant point bâtir un nid, s'emparent de celui des autres !

— Alors, reprit Audebert en s'habillant pour s'en aller, vous me chassez du vôtre ! J'aurais dû m'attendre à cela, et au fait je m'y attendais un peu... Mais, quand on est malheureux, un affront de plus ou de moins...

— Restez ! s'écria le forgeron en colère. Les affronts ont été pour moi ! C'est vous qui m'avez humilié et offensé en oubliant que j'étais votre ami et en vous laissant tomber dans la misère, comme si vous vous attendiez à un refus de ma part. Vous n'êtes qu'un égoïste et un mauvais cœur, et vous ne méritez guère que je vous pardonne. Restez, je vous dis, ou alors ce sera fini pour toujours entre nous.

Sept-Épées, qui, de son lit, entendait la querelle, ne put s'empêcher de rire de l'indignation de son parrain, qui reprochait une indiscrétion tout en se plaignant d'une discrétion trop grande. Ce n'était pas le moyen de s'entendre, car Audebert, avec beaucoup plus d'esprit que son camarade, n'avait pas toujours le raisonnement beaucoup plus juste. Ces deux vieux faillirent s'arracher le peu de cheveux qui leur restaient, parce que l'un demandait une poignée de main que l'autre ne voulait pas accorder avant qu'on ne lui eût demandé sa bourse.

— Je sais ce que vous pensez et ce que vous débitez sur mon compte! disait le vieux forgeron; vous me faites passer pour un vieux cancre qui enfouit tous ses écus, et vous avez voulu subir la honte de vous laisser exproprier, quand vous saviez fort bien que je vous aurais crédité, si vous m'eussiez fait l'honneur d'une simple visite! Mais monsieur est fier : il s'est cru plus savant que tout le monde et il a méprisé ses anciens, car je suis votre ancien, monsieur! J'ai quatre ans de plus que vous, et tout bête et ignorant batteur de fer que je suis, vous me devez le respect. C'était à vous de venir à moi, et non pas à moi d'aller à vous! Enfin, puisque vous voilà, il faut bien avoir pitié de votre sottise ; voilà de l'argent, monsieur, en voilà plein un tiroir. Oui, les voilà, les vieux écus de l'avare imbécile! Prenez ce qu'il vous faut et n'ayez pas le malheur de me remercier : puisque vous n'êtes venu à moi que le jour où vous n'attendiez plus rien des autres, je ne veux pas de vos belles paroles! Je ne veux plus de votre amitié, il y a longtemps que j'ai fini d'y croire!

En parlant ainsi, le vieillard, aussi exalté dans son orgueil d'économie que l'autre l'était dans son orgueil de prodigalité, se promenait à demi vêtu par la chambre, et secouait son tiroir plein d'écus, qu'il jeta et répandit sur le plancher en voyant qu'Audebert, offensé de cette manière de les lui offrir, refusait d'un air hautain l'aumône de la fraternité courroucée.

VI

Ce ne fut pas sans peine que Sept-Épées parvint à calmer les deux vieillards et à les réconcilier. Il avait été convenu entre Audebert et lui que l'on tairait la tentative de suicide. Ce fait eût révolté l'âme religieuse et austère du forgeron. Audebert le sentait et commençait à rougir de son découragement.

Sept-Épées expliqua leur rencontre comme une chose préméditée de sa part, et il profita de l'occasion pour s'ouvrir à son parrain de ses projets sur la petite usine qu'Audebert était forcé de vendre.

— Il est impossible, lui dit-il, que ce brave homme accepte gratuitement vos services. Sa fierté, qui en ceci n'a rien d'exagéré, s'y oppose. Laissez-le se libérer par la vente et se réhabiliter par le travail. Je me charge de l'aider dans l'un comme dans l'autre. Si je n'y réussis point, je vous promets, de sa part, qu'il viendra de lui-même réclamer votre conseil et votre amitié.

Audebert sut gré à Sept-Épées de cette conclusion. Pour rien au monde, connaissant le caractère entier et bizarre du vieux forgeron, il n'eût voulu se mettre dans sa dépendance. Il eût préféré se remettre la corde au cou.

Il s'agissait d'obtenir l'assentiment de Laguerre à l'entreprise de son filleul. En cas de refus, Sept-Épées, maître de ses économies, pouvait bien passer outre, et il l'eût fait, car il avait une grande volonté ; mais il ne l'eût pas fait sans chagrin, car il aimait tendrement son père adoptif. C'est ce qu'il lui fit comprendre en peu de paroles, et comme il avait sur lui beaucoup d'ascendant, il l'amena plus vite à céder qu'Audebert ne s'y était attendu.

— Si c'est ton idée, répondit le forgeron, je n'ai pas le droit de m'y opposer. Ce qui est à toi est à toi. Si tu me demandais mon avis, je te dirais qu'il faut garder ce qu'on a amassé au prix de sa sueur pour le moment où l'on peut devenir malade ou estropié, et que, si l'on a la chance de conduire sa carcasse à bon port, on est toujours bien aise d'avoir sous la main de quoi sauver un parent ou un ami qui ne peut plus s'aider; mais tu es encore si jeune que, dans le cas où tu perdrais ton argent, tu aurais le temps de recommencer, et d'ailleurs me voilà bien vieux, moi : ce que j'ai de placé te reviendra. Ce n'est pas grand'chose, mais c'est un morceau de pain assuré, et je crois qu'il ne te faudra pas attendre cela une centaine d'années! Donc, si tu veux te risquer, risque-toi. Tu veux monter un atelier sur la rivière? J'aime mieux ça qu'une boutique dans la ville haute. Tu t'attacheras à la paroisse, et tu n'auras plus jamais l'idée d'en sortir. Allons, ne perdons pas la journée à causer pour répéter dix fois la même chose; ce qui est décidé est décidé. Va-t'en voir les avoués, et, puisqu'il faut se quitter, je vais m'occuper, moi, de prendre ici un apprenti à ta place, car je suis trop vieux pour rester seul.

— Je ne l'entends pas ainsi, répondit Sept-Épées. Nous ne nous quitterons jamais. L'atelier en question n'est guère logeable, et ce n'est pas à votre âge que je voudrais vous faire changer vos habitudes. Moi, j'ai de bonnes jambes, et ce n'est rien pour moi que d'aller là tous les matins et d'en revenir tous les soirs. Si j'y fais fortune, je le revendrai, et j'en achèterai un plus près, où vous pourrez venir souvent m'aider de vos conseils.

— Et où je ne m'installerai pas davantage, reprit Laguerre en souriant. Je comprends et je t'approuve. Il faut que chacun soit maître chez soi. Je n'aimerais pas à être contrarié, et je ne veux contrarier personne. Pour le moment, tu restes avec moi, je t'en remercie. Je crois que je ne profiterai pas longtemps de ta compagnie, encore que, s'il plaît à Dieu, j'en veuille profiter le plus longtemps possible.

Deux mois se passèrent avant que Sept-Épées fût installé dans sa fabrique. L'affaire fut conclue avantageusement pour lui et pour Audebert, car si l'on eût attendu la vente par autorité de justice, l'immeuble eût tellement perdu de sa valeur, que ce n'eût pas été un profit pour l'acquéreur, mais au contraire un discrédit complet de la chose acquise. Le jeune armurier montra dans cette petite affaire beaucoup de jugement et d'habileté véritable, celle qui ne spécule pas sur le malheur d'autrui, et qui va droit au but, sans diminuer la personne au profit de sa bourse. En cela, il suivit de grand cœur les conseils de son parrain, qui avait un sentiment très-juste de l'honneur, et qui disait qu'une mauvaise réputation ne pouvait jamais faire un bon fonds de commerce pour un ouvrier.

Audebert était un fabricant assez habile. Du moment qu'il n'avait plus son libre arbitre pour spéculer à la légère, il pouvait devenir précieux pour diriger le travail et en fournir lui-même sa large part. Il reprit son petit logement dans l'usine, dont il se constitua le gardien avec un bon apprenti. La baraque fut mise en état satisfaisant de réparation, l'outillage fut renouvelé, et Sept-Épées se vit à la tête de six ouvriers, dont quatre à la pièce et deux à l'année.

Quand il put relever approximativement le produit net de chaque semaine, il fut surpris de constater que c'était à peu près moitié moins de ce qu'il eût pu gagner en travaillant douze heures par jour chez les autres. La propriété est un rêve de repos et de sécurité que l'homme ne prise pas au delà de ce qu'il vaut, puisqu'il lui procure les douceurs de l'espérance : il met dans sa vie l'idéal du mieux, et civilise celui qui est apte au progrès de la civilisation; mais la réalisation de ce rêve est, comme toutes les réalités, une déception.

Au bout de peu de temps, Sept-Épées sentit que plus on complique son existence, plus on y fait entrer de soucis et de périls. Il s'effraya de ne pas se trouver aussi positif qu'il faut l'être pour marcher à coup sûr et rapidement à la richesse. Il n'était pas avare; il ne savait pas marchander avec âpreté. Il avait pitié de ses ouvriers malades ou serrés de trop près par la misère. Il faisait des avances qui ne lui rentraient que mal et tard, quelquefois pas du tout. Il s'aperçut ainsi de ce dont il ne s'était pas douté alors qu'il n'avait pas d'obligés : à savoir que tous les hommes sont plus ou moins ingrats, et que personne ne prend à cœur la passion d'un autre au détriment de la sienne propre. Il trouvait tout le monde exigeant, et comme il était intelligent et réfléchi, il se sentait avec effroi devenir exigeant lui-même.

Quand son bon cœur l'avait entraîné à quelque faiblesse, il voulait réparer le tort qu'il s'était fait, en travaillant au delà de ses forces, et quelquefois il était si fatigué qu'il regrettait cette liberté d'autrefois qu'il avait prise pour un esclavage. Désormais il était réellement esclave de sa chose. Cette chose était devenue son honneur, sa vie; il ne lui était pas permis de l'oublier un seul instant; la prédiction de Gaucher se réalisait : « Tu ne dois plus connaître ni le bonheur ni le plaisir. » Gaucher avait dit cette parole terrible sans en comprendre la portée; Sept-Épées l'avait acceptée en la comprenant. Il y avait des heures et des jours où il en était accablé; mais il était trop tard pour reculer : il fallait chasser les regrets, étouffer les besoins de la jeunesse.

Le premier de ses déplaisirs, et l'un des plus sérieux, lui vint précisément de l'homme dont il avait sauvé l'honneur et la vie. Audebert, poussé par l'enthousiasme de la reconnaissance, travailla avec ardeur, et surveilla la fabrique avec austérité pendant deux ou trois semaines; mais ce fut un feu de paille. Il retomba dans ses rêveries, et la rage de prêcher s'empara de ce cerveau enfiévré d'impuissance.

Au premier reproche de son jeune maître, le brave homme s'affecta profondément. Il était aimant, sensible, délicat à l'excès : il avait toutes les qualités du cœur, toutes les vertus de l'âme; mais il était de ceux dont on peut dire, en comparant la machine intellectuelle à une machine d'industrie, qu'il manque à leur cerveau la cheville ouvrière. Il perdit trois jours à se reprocher sa faute, et Sept-

Épées, voyant son découragement, fut forcé, pour le remettre à la besogne, de lui demander pardon de sa réprimande.

Il est vrai que le jeune homme ne tenait pas ses promesses. Il avait laissé croire à Audebert qu'il serait l'auditeur attentif, l'admirateur complaisant de ses théories philosophiques. Il s'était flatté lui-même de trouver une distraction utile et noble dans la conversation de ce penseur naïf, éloquent à ses heures et toujours ardemment convaincu, alors même qu'il déraisonnait; mais il reconnut vite qu'il est impossible d'écouter longtemps ceux qui manquent de clarté intérieure, et qui ne trouvent leurs idées qu'en se suscitant des contradicteurs officieux. Tout paradoxe était bon à Audebert pour se livrer à cet exercice, et comme dans ces heures-là il ne tenait plus compte du temps qui s'écoulait et de la cloche qui appelait au travail, c'était toujours au moment de s'y remettre qu'il lui fallait abandonner avec douleur et dépit les premières lueurs de ses longues et vagues discussions. Sept-Épées n'avait pas le temps d'en attendre l'issue douteuse, et il sentait d'ailleurs qu'il n'en avait pas la patience. Sa logique naturelle se révoltait contre les aphorismes de mauvaise foi dont Audebert se faisait un jeu d'esprit pour entrer en matière. Son air distrait, ses efforts pour ramener l'entretien aux préoccupations de la vie positive étaient autant de coups de poignard que ce pauvre exalté recevait en plein cœur. Sa sensibilité surexcitée y voyait tantôt l'outrage du dédain, tantôt la condamnation méritée de sa propre impuissance. C'était dans ce dernier cas surtout que son air égaré et son silence subit devenaient inquiétants. Sans le lui avouer, Sept-Épées passa plus d'une nuit à veiller autour de la baraque par des temps affreux, dans la crainte que son malheureux ami ne cédât de nouveau à la tentation du suicide. Le délai qu'il s'était imposé par serment était expiré, et Sept-Épées n'osait lui demander de jurer un nouveau bail avec la vie. Il tremblait d'échouer dans cette tentative, et de lui rappeler que sa liberté était reconquise.

Le parrain alla voir une seule fois l'établissement de son filleul, quand cet établissement commença de fonctionner. Il n'approuva rien et ne voulut rien blâmer. Naturellement, dans ses simples appareils, le jeune homme avait adopté les méthodes les plus nouvelles, et naturellement aussi le vieillard, malgré l'évidence et sa propre expérience de tous les jours, ne voulait pas se décider à les déclarer meilleures que les anciennes. Il pensait que Sept-Épées ne réussirait pas, mais il se gardait bien de le lui dire, sachant par lui-même que la contradiction stimule les esprits obstinés. Il disait à Gaucher, à Lise, et à deux ou trois vieux amis qui le consultaient sur les chances de cette entreprise : « Je n'y crois guère, l'endroit est mauvais, et si, après cinq ou six ans de fatigue et de tracas, le jeune homme s'en retire sans y perdre, ce sera une expérience qu'il aura faite, et qui, du moins, lui servira pour l'avenir à se contenter de ce qui nous contente. Après tout, puisqu'il était dans les ambitieux, j'aime autant qu'il ait fait cette sottise-là que celle de quitter l'industrie et le ressort de la Ville Noire. Quand je vois des freluquets mettre tout ce qu'ils gagnent à se déguiser en bourgeois le samedi soir, et à s'en aller, le chapeau sur l'oreille, dans les estaminets de la ville *peinturlurée* (c'est ainsi que, par mépris, le vieillard appelait la ville haute), jouer au billard et consommer des liqueurs, pour revenir le mardi matin, le chapeau sur la nuque du cou, débraillés, vilains, hébétés, et se servant de mots nouveaux qu'ils ne comprennent pas et qu'ils estropient à la grande joie et risée des bourgeois, je trouve mon filleul plus raisonnable, plus convenable, mieux élevé que ces gens-là. Je suis content alors d'avoir réussi à lui donner, sinon toutes mes idées, du moins le goût de réussir dans son état par des moyens qui n'ont rien de ridicule et qui ne l'éloignent pas des intérêts de sa paroisse. »

Gaucher avait chaudement partagé les illusions de son jeune ami. Il avait lui-même l'esprit jeune, et sa confiance dans le succès des autres le rendait aimable et conciliant. Il se consolait, par cette sympathie généreuse et désintéressée, d'une vie pénible et dure pour son propre compte.

— Bah! disait-il à sa femme quand celle-ci s'efforçait de lui persuader qu'il était plus heureux que Sept-Épées, on est toujours assez heureux quand on fait ce qui plaît ! Mon plaisir est de vivre et de travailler pour toi ; si le camarade pense différemment, il a bien fait de suivre sa pente. Ne le décourageons pas, et soyons prêts à l'aider au besoin autant qu'il dépendra de nous.

Au bout de quatre mois, un jour de printemps, un dimanche, Sept-Épées, au retour de plusieurs excursions de placement dont le résultat n'avait pas été aussi satisfaisant qu'il l'avait espéré, resta enfermé dans son usine. Il avait coutume de passer le jour du repos à la Ville Noire auprès de son parrain et de ses amis ; mais Audebert, qui ne quittait pas la baraque, se trouvant malade, Sept-Épées dut le garder et le soigner.

Il voulut profiter de cette circonstance pour revoir ses livres, qu'il croyait bien en ordre. Il savait très-bien calculer, mais son humeur active le portait à s'occuper plutôt du travail manuel et des transactions commerciales que de la tenue des registres. Audebert était un assez bon comptable, et sa probité scrupuleuse l'astreignait à bien faire pour le compte d'autrui ce qu'il avait mal fait pour son propre compte. Durant le premier trimestre, il en avait fourni la preuve rigoureuse ; mais quand Sept-Épées se livra à l'examen du quatrième mois, il découvrit qu'un grand désordre s'était emparé de la cervelle du pauvre homme, et qu'il avait inscrit à l'article recette nombre de chiffres qu'il eût fallu très-vraisemblablement mettre à celui de la dépense. C'était ou un commencement de fièvre, ou plutôt l'entraînement naturel de son esprit, porté aux illusions, qui avait égaré sa mémoire et sa plume. Ces erreurs n'étaient pas très-faciles à redresser, et Sept-Épées vit bien par là qu'il ne devait pas se fier à la lucidité soutenue de son ami. Il se convainquit, non sans humeur, que désormais il lui faudrait tout voir et tout faire par lui-même. Il ne voulut pas troubler le malade en lui signalant ses bévues, et, comme il avait été absent toute la semaine, il pensa qu'il ferait bien de visiter avec attention ses machines et ses outils.

Il y trouva le même désordre que dans les écritures, et même la roue qui était son principal moteur était hors de service par suite d'un accident qui ne lui avait pas été signalé. C'était une réparation assez grave à entreprendre au plus vite, si l'on ne voulait pas s'exposer à une ou deux semaines de chômage. Il eût fallu courir à la ville pour s'assurer d'un ouvrier spécial exact à venir dès le lendemain; mais Audebert, à qui il ne put s'empêcher de parler de cette roue, lui répondit qu'elle s'était cassée dans sa tête en éternuant, et Sept-Épées vit qu'il avait le délire, ce qui commença à l'inquiéter et à l'attrister grandement. Il avait recommandé, la veille au soir, à ses ouvriers de lui envoyer le médecin; cependant, soit qu'ils l'eussent oublié, soit que le médecin ne fût pas bien pressé de venir dans un endroit si difficile un jour où l'orage menaçait, il n'arrivait pas, et d'heure en heure l'agitation du malade devenait plus alarmante.

Pour comble d'ennui et de tristesse, une tempête horrible se déchaîna. Le vent s'engouffrait dans la gorge par rafales impétueuses, et le torrent, grossissant avec une effrayante rapidité, fit mine d'envahir l'atelier. Les pins commencèrent à craquer avec un bruit sec et sinistre le long des roches, entraînant une pluie de pierres et de gravier jusque sur le toit de la construction fragile, qu'un écroulement un peu considérable pouvait écraser d'un moment à l'autre. Quand le vent s'apaisa, le malade s'apaisa aussi, ou plutôt il changea d'angoisse. Ses nerfs furent détendus par la sensation de la pluie qui ruisselait sur les vitres et qui refroidissait l'atmosphère; mais il fut pris alors d'une terreur puérile, et, fondant en larmes, il répéta à satiété son vieux refrain, que ce lieu était maudit, que le diable s'y était embusqué.

Sept-Épées avait bien assez affaire de se défendre de l'eau qui montait toujours, et dont il s'empressait d'enlever les barrages artificiels, afin qu'elle pût s'écouler plus vite. Seul à cette besogne, il y déployait, au risque de sa vie, une activité et une force surhumaines. Les lamentations et les gémissements d'Audebert, qui continuaient à se faire entendre à travers les mugissements de la rivière et les roulements de la foudre, lui causaient une sorte de rage, car, en dépit de lui-même, il sentait que ce découragement maladif lui ôtait sa présence d'esprit. Il couvrait en vain ces plaintes importunes de jurements indignés: vingt fois il avait crié à Audebert de s'en aller par la galerie qui était adossée au rocher; Audebert ne comprenait pas, et Sept-Épées, commençant à désespérer de sauver sa propriété, songeait à y renoncer et à emporter de gré ou de force le malade sur la montagne.

Pourtant une dernière planche, qui repoussait encore le flot sur la maison, eût tout sauvé, s'il eût réussi à l'abattre. Elle résistait opiniâtrément, et il s'y acharnait avec le courage du désespoir. Enfin, dans un suprême effort, il l'attira à lui; mais ses pieds glissèrent sur les pierres inondées, et il allait être englouti, lorsqu'une main secourable, par une assez faible impulsion, lui rendit l'équilibre juste au moment où la planche se plantait tout droit devant lui, ce qui lui permit de s'y appuyer un instant. En même temps, la main qui l'avait soutenu le tira en arrière, et il se trouva en sûreté, tandis que l'eau, se frayant une issue nouvelle, cessait de battre avec violence les fondations de l'usine.

Tout était sauvé. Sept-Épées, sauvé lui-même d'une mort presque certaine, se retourna pour voir par qui il avait été si à propos secouru, et resta stupéfait en reconnaissant Tonine Gaucher.

VII

Il y avait bien longtemps que Sept-Épées n'avait rencontré Tonine face à face. Il la voyait bien quelquefois passer plus ou moins près de lui quand il retournait soir et matin à la Ville Noire, et le dimanche, quand il allait rendre visite à Gaucher, il l'entendait quelquefois sortir d'une chambre quand il entrait dans l'autre. Elle paraissait l'éviter, et de son côté, comme il se sentait coupable envers elle, il s'arrangeait de manière à ne pas être obligé de lui parler.

Cette fois il lui fallut bien la saluer, la remercier, et lui demander comment elle se trouvait là par ce temps maudit.

— Par le plus grand hasard du monde, répondit Tonine en se dépêchant de se mettre à l'abri dans l'atelier et en secouant sa mante chargée de pluie. J'étais sortie avec le beau temps pour aller, par la route d'en haut, voir ma nourrice à son village, quand l'orage m'a surprise. Je me suis réfugiée sous un rocher, et j'y serais encore si je n'avais vu passer un médecin qui m'a offert une place dans son cabriolet. Il m'a dit qu'il allait faire une visite pas loin, et qu'il me ramènerait à la ville haute. Cela valait mieux que de rester sous ce rocher où j'étais bien mal abritée. Chemin faisant, il m'a dit qu'il venait chez vous pour voir un malade, et qu'il ne savait pas par où descendre pour gagner à pied le fond du ravin. Il n'était jamais venu ici. J'y suis descendue avec lui pour le conduire, et nous avons eu assez de peine à nous tenir dans le sentier. Enfin nous voilà, le médecin est là-haut qui examine votre ami Audebert, et moi, qui ne croyais pas vous trouver céans, parce que vous passez tous les dimanches à la ville, à ce qu'on m'a dit, je venais voir s'il y avait dans l'atelier quelque personne chargée de veiller sur ce pauvre homme, quand je vous ai trouvé en train de vous battre avec la rivière.

— Et sans vous, Tonine, j'aurais, je crois, diablement perdu la bataille.

— Oh que non! si vous aviez dû tomber, ce n'est pas ma force qui vous aurait retenu.

— Excusez-moi, c'est votre bon cœur qui m'a donné la force de me retenir.

— Il ne faut pas avoir grand bon cœur pour empêcher un homme de se noyer. D'ailleurs vous vous seriez sauvé de l'eau; je me souviens du temps où, tout jeune garçon, vous piquiez des têtes par-dessus le Trou-d'Enfer avec mon cousin Louis!

— Vous vous en souvenez, Tonine? Je croyais que vous aviez tout oublié de moi, et je dois dire que je le méritais bien.

— Allons! il ne s'agit pas de ça, reprit Tonine; occupez-vous donc de ce pauvre vieux, qui ne sait peut-être guère répondre au médecin.

— Je vous retrouverai ici, Tonine?

— Dame! bien sûr! il ne fait pas un temps à cueillir des marguerites!

— Laissez-moi au moins allumer ma forge pour vous réchauffer; ça sera l'affaire d'un instant.

Et, sans attendre la réponse, Sept-Épées alluma le feu et fit gronder le soufflet, après quoi il courut à l'étage supérieur, où, dans un coin assez bien clos, était située la soupente habitée par son malade.

— Cet homme n'est pas bien, lui dit tout bas le médecin, et il n'est pas facile de le soigner. Il faudrait envoyer vite à la ville haute chercher les remèdes que j'ai prescrits, et surtout le forcer à les prendre, car il m'a l'air peu disposé à suivre mes ordonnances.

Sept-Épées n'avait personne à envoyer et n'osait laisser Audebert seul. Il pria le médecin de retourner à la ville et de donner la commission à un exprès.

— Ce sera trop long! dit Tonine, qui était venue au seuil de la chambre; le dimanche, et par ce mauvais temps, vous ne trouverez peut-être personne. Allez-y vous-même, Sept-Épées; moi, je resterai ici, et je garderai le malade.

— Non! non! vous ne pourriez pas, il a le délire.

— Pas du tout, reprit-elle en touchant le bras du malade. Je ne lui sens plus de fièvre. Soyez tranquille, nous nous entendrons très-bien tous les deux, n'est-ce pas, père Audebert?

— Qui donc es-tu, ma fille? dit le vieillard rassemblant ses idées. Ah! oui, tu es la sœur de la pauvre Suzanne. Va, va, tu as raison! je ne voudrais pas te faire de la peine; tu es comme moi, tu en as eu bien assez dans ta vie!

— Vous voyez, dit Tonine à Sept-Épées. Partez, partez! M. le docteur Anthime vous mènera vite à la ville; il a un bon cheval.

— Anthime? s'écria Audebert, qui avait repris sa raison comme par enchantement depuis que Tonine était auprès de lui; alors vous êtes le fils d'un homme bien bon, envers qui j'ai été ingrat! Présentez-lui mon respect et mes excuses.

Quand Sept-Épées fut en voiture avec le jeune docteur, celui-ci le questionna sur Tonine. — Je me rappelle, dit-il, le mariage de sa sœur avec Molino; Tonine était alors une enfant. Depuis ce temps-là, j'ai été absent; j'ai fait mes études à Paris. Revenu depuis peu, je ne connais plus personne au pays. Le hasard m'a fait rencontrer cette jeune fille en venant chez vous. J'ai été très-frappé de son langage et de son air distingué. Elle n'est donc pas mariée? Elle doit, comme toutes les ouvrières de la Ville Noire, avoir du moins un amoureux? — Et comme Sept-Épées fronçait involontairement le sourcil, il se reprit et dit : — Un fiancé?

Sept-Épées répondit assez froidement que Tonine était sage, et que tout le monde la respectait.

— Cela ne m'étonne pas, reprit le jeune médecin d'un ton pénétré. Et après quelques questions et réflexions sur Audebert, dont son père lui avait parlé, il revint à Tonine : Elle vous a traité en camarade; vous vous connaissez depuis l'enfance? — Sept-Épées fit des réponses courtes et insignifiantes qui laissaient tomber la conversation; mais, quand le docteur le déposa chez le pharmacien, il ajouta : Il faudrait une femme auprès de votre malade : tâchez que cette Tonine, qui a si bon cœur, reste auprès de lui. Voilà le temps remis; je retournerai le voir après mon dîner.

L'effet que Tonine avait produit sur ce jeune homme préoccupa singulièrement Sept-Épées, car il

6.

oublia de passer chez le charron pour le raccommodage de sa roue; il oublia également de faire avertir Gaucher, quoique Tonine le lui eût recommandé. Il ne prit souci que de presser le pharmacien et de s'en retourner au plus vite avec les médicaments.

Il brûla le chemin et trouva Tonine assise auprès du lit d'Audebert et causant avec lui. Le malade était entièrement calmé et soumis. Elle lui fit prendre les poudres qu'il avait juré de ne pas avaler, sans qu'il fît la moindre objection. Et il dit alors, en tenant les mains de son jeune maître : — Je t'ai bien ennuyé, mon pauvre petit bourgeois! Tantôt j'étais comme fou, et j'ai bien vu que tu ne savais où donner de la tête; mais Dieu m'a envoyé un de ses anges : cette Tonine m'a dit des choses qui m'ont mis du baume dans le sang. Je ne savais pas qu'elle avait plus d'esprit à elle seule que toi et moi. Voilà comme on passe des années les uns à côté des autres sans se connaître et sans s'apprécier! Tonine, si vous voulez que je tâche de dormir, il faut me jurer que vous resterez là jusqu'à mon réveil.

Tonine le promit et demanda à Sept-Épées s'il

avait fait avertir Gaucher. Il allait se confesser de
l'avoir oublié, quand Gaucher arriva de lui-même.
La crue de l'eau l'avait inquiété pour son ami, il venait voir s'il n'avait point éprouvé de dommage. Il
fut surpris de trouver là sa cousine; mais, tout étant
expliqué, il se préoccupa du chômage qui menaçait
la petite fabrique, et, avec l'ardeur généreuse du
premier mouvement, il voulut aussitôt repartir pour
chercher les ouvriers. Tonine le retint. Puisqu'elle
devait rester auprès du malade, il valait mieux que
son cousin lui fît compagnie pendant que Sept-
Épées irait à la Ville Noire par le sentier rassurer son
parrain, qui devait être inquiet, et faire ses affaires
lui-même.

Sept-Épées était fort agité intérieurement. Il se
passait en lui quelque chose de nouveau. Sa roue
brisée, qui lui avait paru, le matin, un si grand événement, ne lui semblait plus mériter tant de peine ;
mais il n'osait pas insister pour envoyer Gaucher à
sa place, sentant bien que Tonine n'avait aucun désir
de se trouver seule avec lui durant le sommeil d'Audebert.

Il repartit, vit en courant son parrain, et ramena les ouvriers, qui examinèrent le dommage et démontèrent la pièce à réparer. Il dut nécessairement s'occuper tout le reste du jour de cette grosse affaire, sans revoir Tonine, qui était restée en haut. Quand les ouvriers furent partis, Sept-Épées, qui, dans toute la journée, n'avait pas eu le loisir de songer à manger, et qui avait passé la nuit à veiller Audebert, se sentit pris de faiblesse, et Gaucher appela Tonine, qui s'empressa de le secourir et de lui faire avaler une soupe au vin. Il y avait bien là les provisions nécessaires; mais l'apprenti qui était chargé de la cuisine faisait son dimanche, et, bien qu'averti, ne se hâtait pas d'arriver. Il arriva enfin vers le soir, et le médecin aussi. Le malade avait dormi; tout allait mieux. Sept-Épées était très-touché de la bonté et de l'obligeance de Tonine. Le docteur Anthime la regardait beaucoup.

— A présent, dit Gaucher, qui s'en aperçut, vous pouvez vous en retourner, monsieur le docteur. Nous autres, nous allons nous arranger pour la nuit.

— Et il ajouta en s'adressant à Sept-Épées : Toi, tu

es sur les dents ; tu vas retourner coucher à la Ville Noire, et je resterai ici à veiller le malade avec l'apprenti. Demain, on se relayera les uns les autres, et tout s'arrangera sans que personne s'y tue.

— Et moi, dit Tonine, qui est-ce qui me reconduira ?

— Moi, dit le docteur. Ma voiture est là-haut sur la route.

— Mais mademoiselle ne demeure pas à la ville haute, dit vivement Sept-Épées, que Gaucher observait aussi.

— Je le sais. Je la conduirai à la Ville Noire par le grand détour.

— Ce serait trop long, répondit Gaucher d'un ton narquois, cela vous dérangerait.

Le jeune homme comprit que, le cousin étant là, Tonine ne lui serait pas confiée ; mais quand elle le suivit jusqu'à la porte, afin de se bien remettre en mémoire les prescriptions qu'elle devait transmettre à Gaucher pour la nuit du malade, Anthime lui dit bas : Est-ce que vous avez peur de venir avec moi ?

— Non, monsieur, répondit-elle ; je ne me crois

pas assez belle pour être en danger avec personne.

— Oh! si c'était là la seule raison...

— Si ce n'est pas une assez bonne raison, j'en ai une autre : c'est que je ne mérite pas que le fils d'un père comme le vôtre manque d'estime pour moi; mais je vous remercie de vos politesses. Je ne vais pas le soir avec les bourgeois; vous savez bien que cela ne convient pas à une fille d'ouvrier.

— Vous vous croyez plus en sûreté avec M. Sept-Épées, qui sans doute va vous reconduire?

— Je m'y crois plus en sûreté contre les mauvaises langues.

— Et elle a raison, dit Gaucher, qui, trouvant l'*a parte* trop long, s'était approché. Ses pareils peuvent lui offrir le mariage, et vous autres, messieurs, vous ne le pouvez pas.

— Savoir! reprit le médecin en s'éloignant.

— Oui, oui, savoir! dit Tonine à son cousin quand elle se crut seule avec lui. Je crois, moi, qu'en fait de mariage, il ne faut se fier à personne, et que le rang n'y fait rien.

— Tu aurais pu te fier à Sept-Épées, tu ne l'as pas voulu.

— Ah! oui, j'oubliais cela! reprit-elle en riant.

Sept-Épées, qui l'écoutait sans en avoir l'air, fut à la fois humilié et piqué de sa gaieté. Jamais il n'eût osé lui offrir de la reconduire, si Gaucher ne leur eût dit : Allons, n'attendez pas la nuit noire. Le sentier n'est pas bien bon, il doit y avoir encore de l'eau en plusieurs endroits.

— Attendez, cousin, dit Tonine, il faut que je vous écrive tout ce qui est commandé pour le malade. Je suis sûre que vous l'oublieriez!

Sept-Épées lui présenta un de ses livres de comptes, sur lequel il la regarda écrire. Il remarqua comme elle écrivait vite et bien. — Vous seriez un bon commis, lui dit-il en souriant.

— Tout comme un autre, répondit-elle, et mes chiffres n'auraient pas grand'peine à être mieux alignés que ne le sont ceux de cette page. Est-ce vous qui griffonnez comme ça?...

Sept-Épées fut content de pouvoir dire que c'était Audebert.

Elle monta dire bonsoir au malade, qui lui fit promettre de revenir en s'engageant lui-même à se laisser soigner avec la plus grande docilité.

Pendant qu'elle était avec lui, Gaucher dit à Sept-Épées : — Eh bien! mon camarade, si tu en tiens toujours pour Tonine, voilà l'occasion de la faire revenir de sa méfiance. Parle-lui avec l'esprit que tu as, montre-lui l'estime que tu sens pour elle, et peut-être se ravisera-t-elle à ton égard.

— Je n'espère pas cela, répondit l'armurier ; elle a l'air de me dédaigner beaucoup.

— Elle ne nous a pourtant jamais mal parlé sur ton compte. Elle nous a dit, à ma femme et à moi, qu'elle ne voulait pas se marier: C'est à toi de lui prouver qu'elle a tort, si c'est ton avis.

Quand Sept-Épées se trouva seul sur le sentier avec Tonine, il secoua sa mauvaise honte. — Ma chère Tonine, lui dit-il, vous êtes bonne comme un ange, Audebert a eu raison de le dire, et la journée d'aujourd'hui n'est pas la seule qui m'ait donné l'occasion de vous connaître. Sans votre grand cœur et sans votre bon esprit, j'aurais perdu l'estime de mon meilleur ami. J'ai été bien sot et bien coupable envers vous. Je m'en repens, je m'en suis repenti cent fois déjà, et si j'avais osé, j'aurais été vous demander pardon dès le lendemain de ma faute.

— Pourquoi donc voulez-vous parler de ces choses-là? répondit Tonine; je vous ai pardonné, si tant est que vous ayez eu des torts envers moi, ce que je ne crois point.

— Oui, j'ai eu de grands torts! Je vous ai fait la cour, et j'ai eu tout à coup peur de m'engager dans le mariage. J'aurais souhaité être plus vieux de deux ou trois ans et pouvoir vous offrir une existence assurée... Mais à présent, Tonine, puisque vous me pardonnez...

— À présent, quoi? dit Tonine.

— À présent que me voilà établi dans le ressort de la Ville Noire, quoique je n'aie pas fait encore de bien belles affaires, si vous vous sentiez le même courage que moi...

— Le courage de nous mettre en ménage, n'est-ce pas? reprit Tonine, qui se vit forcée d'achever la phrase. Eh bien! non, mon cher camarade, je n'aurai jamais le *courage* de me marier *par courage*. J'ai la fantaisie de me marier joyeusement, par amitié et avec toute confiance dans mon sort. Voilà pourquoi, ne voyant pas en vous cette confiance-là, je n'ai pas eu de dépit contre vous. A présent, le moment de se raviser est passé. Vous ne pouvez pas m'offrir, comme vous le prétendez, une existence assurée. Quand vous aviez vos économies disponibles, je pouvais songer à m'établir avec vous; vous m'auriez consultée, j'imagine, sur votre placement, et nous aurions arrangé notre vie à la satisfaction de l'un et de l'autre. Aujourd'hui tout est changé; vous voilà propriétaire d'une chose qui ne vaut peut-être rien, dans un endroit qui ne me plairait peut-être pas. D'ailleurs vous êtes loin d'être rentré dans vos dépenses. Comment pouvez-vous songer à avoir femme et enfants? Ce serait pour vous une bien plus grosse charge qu'auparavant, car une année de mauvaise vente, quelques semaines de chômage, un accident de rivière, peuvent vous mettre à bas, et aucune fille raisonnable et prévoyante ne vous confiera son sort.

— Il me semble, répondit Sept-Épées très-mortifié, que vous avez de la raison et de la prudence pour cent, ma belle Tonine. Vous calculez juste, et vous avez beau dire le contraire, on voit bien que l'amitié n'entre pour rien dans vos projets de mariage !

— Je n'ai aucun projet de mariage, reprit-elle : ne possédant rien que ma jeunesse et ma santé, je n'ai besoin de personne pour me gagner mon pain. De cette façon, je vis comme il me plaît. Je me tiens propre dans ma petite chambre avec un livre, le dimanche, et les enfants des autres sur mes genoux. Je n'ai point de souci du lendemain. Si je tombe malade, ce sera tant pis pour moi. Si je meurs, je ne laisserai pas une famille dans la misère, et je mourrai tranquillement, comme on doit, comme on peut mourir quand on n'est pas nécessaire aux autres. Vous voyez bien que je n'ai pas de raisons pour échanger mon sort contre celui que vous pourriez me faire.

— Vous avez raison, Tonine, tellement raison qu'il n'y a rien à vous dire ; vous n'aimez personne, vous songez à vous-même, le bonheur ou le malheur des autres ne vous est de rien. De cette manière-là, vous n'aurez jamais d'inquiétude, et on peut dire que vous connaissez votre intérêt !

— Je crois, Sept-Épées, que s'il y a un reproche là-dessous, ce n'est pas de vous qu'il devrait me venir. Vous avez raisonné encore mieux que moi le jour où vous vous êtes dit : « Un homme marié ne s'appartient plus et ne peut pas arriver à changer son sort contre un meilleur. Il vaut mieux rester garçon et chercher son avantage. » Moi, je n'ai rien à chercher, je me contente de rester comme je suis !

— Savoir ! comme disait tantôt ce beau médecin. Vous êtes assez agréable pour trouver sans chercher, et vous attendez peut-être la fortune de plus haut que moi !

— Quant à cela, répondit Tonine en riant, si le bien me vient en dormant, personne n'aura de critique à me faire.

Sept-Épées garda le silence, et continua de marcher sans vouloir montrer tout le dépit et tout le chagrin que lui causait l'indifférence de Tonine.

VIII

Ils arrivèrent ainsi jusqu'à un endroit où l'eau ne s'était pas écoulée et couvrait tout le petit chemin qu'ils suivaient. Sept-Épées, voyant que Tonine allait s'y enfoncer bravement sans requérir son aide, l'arrêta avec humeur. — Vous me haïssez donc bien, Tonine, lui dit-il, que vous ne voulez pas recevoir de moi le plus petit service? Je sais bien que je n'ai ni cheval, ni carriole, moi, pour vous empêcher de gâter votre chaussure; mais j'ai de bons bras pour vous porter.

— Je suis trop grande pour faire la petite mignonne, répondit Tonine, et je ne mourrai pas pour un bain de jambes.

— Vous ne voulez pas que je vous porte? reprit Sept-Épées, fâché tout à fait. Allez donc, si c'est votre plaisir! — Mais quand il la vit se risquer dans l'eau sans répondre, il se reprocha sa fierté, la saisit dans ses bras sans la consulter davantage, et la remit à pied sec sur le sable, vingt ou trente pas plus loin.

— Qu'est-ce que vous avez, Sept-Épées? lui dit-elle alors ; j'ai senti sur mon bras des larmes tombant toutes chaudes de vos yeux. Pourquoi donc vous ferais-je du chagrin? Voulez-vous que je vous dise? vous vous imaginez devoir me regretter parce que j'ai pris mon parti sans me fâcher ni me plaindre ; mais, si j'étais votre femme à cette heure, vous en seriez désolé. Voyons, ne prenez pas l'orgueil pour l'amitié, ce n'est pas du tout la même chose!

— Si vous étiez ma femme à cette heure, répondit le jeune homme, au lieu de me sentir inquiet et découragé comme je l'étais quand vous êtes arrivée ce matin, j'aurais quelqu'un pour me consoler et me rendre l'espérance ; il me semble que je n'aurais point des idées noires quand la rivière monte et des accès de colère contre ce pauvre Audebert quand il devient fou. Tonine, je suis plus malheureux que vous ne croyez! Je ne sais pas si c'est l'inquiétude de ne pas réussir et de me voir moqué par ceux qui m'ont trouvé insolent de vouloir être un homme sérieux à l'âge où tant d'autres ne songent qu'au plaisir, ou bien si c'est la société de cette tête à l'envers que je me suis donnée pour ami et compagnon, ou encore la tristesse et la solitude de cette baraque endiablée ; mais je vous jure qu'il y a des jours où pour bien peu...

Sept-Épées n'acheva pas sa pensée, et tous les deux gardèrent le silence quelques instants. Enfin Tonine lui dit : — Vous me faites de la peine, Sept-Épées, vrai, vous m'en faites beaucoup ! Mais, de ce que vous regrettez votre acquisition, il ne résulte pas que vous ayez tant sujet de regretter le mariage, et si, marié, vos affaires tournaient mal, vous seriez bien plus tourmenté encore. Voyons, compagnon, vous n'êtes pas un cœur bien tendre, vous, mais vous êtes un honnête homme ; vous ne voudriez pas, vous ne sauriez pas mentir, je pense. Convenez que, depuis quatre mois que vous êtes maître, vous n'avez pas beaucoup pensé à moi.

— Vous vous trompez, Tonine, j'y ai pensé souvent, et toujours avec tristesse.

— Parce que vous pensiez m'avoir fait de la peine. Dites la vérité, rien ne me fâchera.

— Eh bien! oui, je m'imaginais vous avoir offensée.

— Alors je vois que vous n'êtes pas un mauvais cœur; mais, si vous aviez pu voir dans le mien et vous assurer par vos yeux qu'il ne souffrait pas, est-ce que vous seriez venu me dire, comme j'ai entendu autrefois Gaucher le dire à Lise : — Ma chère, que vous m'aimiez ou non, je sens, moi, que je ne peux pas me passer de vous? — Ne répondez pas à la légère, Sept-Épées; je ne tiens pas à ce que vous soyez galant et gentil avec moi : j'en appelle à votre foi d'honnête homme.

— Eh bien! répondit l'armurier après un moment de réflexion et d'abattement, je conviens que j'ai été si occupé, si agité par mes affaires que je n'ai eu aucune autre idée arrêtée dans l'esprit. Mon ambition n'a pas éteint mon amour, mais elle lui a fait du tort. Voilà ma confession faite : est-ce une raison pour ne pas me pardonner?

— Ce serait une raison, au contraire, pour vous

pardonner, si vous m'aimiez beaucoup à présent. La sincérité est une belle qualité à mes yeux ; mais vous ne m'aimez pas plus aujourd'hui qu'hier, mon cher ami !

— Il me semble pourtant bien...

— Il vous semble que je vaux mieux parce que je vous ai surpris dans un jour de chagrin et de danger, et que dans ces moments-là on a besoin d'amitié. Et puis vous vous êtes imaginé que quelqu'un faisait attention à moi, et votre amour-propre s'en est réveillé. Enfin, me voyant désireuse de vous obliger, vous avez cru que je vous aimais, et tout cela vous a un peu monté à la tête ; mais votre danger est passé, et votre ennui passera. Personne ne songe à moi, et je ne songe à personne. Si vous me demandiez ce soir une parole d'amour et de mariage, vous vous en repentiriez demain matin, et moi, je serais là aussi avec le repentir d'avoir cru à une bouffée d'amour qui n'est pas l'amour vrai de toute la vie.

— Allons ! dit Sept-Épées, vous me punissez de ma franchise, et vous me tuez avec le fer que vous m'avez retiré du cœur! C'est votre droit. Il faudra donc que je fasse fortune pour me consoler? Eh bien! je commence à n'y plus croire, à la fortune, et à me dire que je suis bien fou de me donner tant de peine pour quelque chose de si incertain!

— Vous n'avez pas le droit de vous décourager si vite, reprit Tonine; le vin est tiré, il faut le boire. Il ne faut pas vous dégoûter d'une chose à peine commencée. Celui qui se rebute aux premiers ennuis n'est pas un homme, et, en changeant de projet tous les jours, on n'inspire plus de confiance à personne. Il est peut-être malheureux pour vous d'avoir sacrifié votre jeunesse au gain et le présent à l'avenir; mais il serait plus malheureux encore de sacrifier cet avenir, qui vous a coûté si gros, pour quelques désagréments qui passeront comme tout passe. J'irai demain matin revoir votre malade, puisque je le lui ai promis, et nous causerons avec Gaucher de tout cela.

— Ah! vous reviendrez demain à la baraque! A quelle heure?

— Je ne sais pas. Je ne veux pas y retourner avec

vous, Sept-Épées : ça ferait jaser, et même nous allons nous quitter ici pour ne pas entrer ensemble dans le faubourg; mais nous nous verrons demain, je vous le promets. Pour ma peine, voulez-vous me promettre de réfléchir comme un garçon raisonnable doit le faire, et de ne pas trop vous affliger des contrariétés qui vous arriveront?

— Eh mon Dieu! qu'est-ce que ça vous fait, Tonine, que je m'afflige et que je manque de courage, puisque vous n'avez aucune amitié pour moi?

— Il y a amitié et amitié! Il y a celle qui fait qu'on ne peut pas vivre l'un sans l'autre et qu'on se marie ensemble : celle-là, vous ne l'avez pas eue pour moi, et il est heureux que je ne l'aie pas eue pour vous; mais il y a une amitié plus tranquille et qui n'enchaîne pas tant : c'est celle qui fait qu'on s'intéresse aux peines d'un autre et qu'on voudrait l'en tirer. Au point où nous en sommes, c'est la meilleure qu'il puisse y avoir entre nous, et, si vous m'en croyez, c'est celle que nous aurons. Il ne sera plus question ni d'amour ni d'amourette; vous me prendrez aussi au sérieux que si j'étais Gaucher, mon cousin. Si la chose vous convient, à revoir ; sinon, nous nous verrons demain pour la dernière fois.

— Je serai pour vous tout ce que vous voudrez, Tonine, votre mari ou votre frère, votre amoureux ou votre ami ; pourvu que nous ne soyons pas brouillés, je serai toujours plus content que je ne le suis depuis six mois.

Le lendemain, Sept-Épées, pour obéir à Tonine, regagna son usine avec ses ouvriers et sans paraître songer à elle ; mais il compta les heures et les quarts d'heure jusqu'à ce qu'il la vit arriver avec Lise et ses deux enfants. Après qu'elles eurent vu Audebert, qui allait assez bien, et qui, lui aussi, avait attendu Tonine comme le Messie, Lise, laissant sa compagne auprès du malade, prit à part son mari.

— Il y a une chose que tu ne sais pas, lui dit-elle, et que Tonine vient de m'apprendre en venant ici : c'est que ton ami a de la tristesse et court risque de se décourager tout à fait, si tu ne lui donnes pas un coup de main. Qui t'empêche de travailler pour lui pendant une ou deux semaines ? Ce sera un chagrin pour la petite et pour moi de ne pas te voir dans la journée, mais il ne faut pas ne songer qu'à soi dans ce monde. Audebert est un bon cœur, mais le voilà hors d'état de travailler pendant quelques jours, et d'ailleurs ce n'est pas l'homme qui convient à un garçon comme Sept-Épées. Audebert le reconnaît lui-même, et il a l'idée de le quitter. Tu seras donc nécessaire ici jusqu'à ce que ton ami ait trouvé un autre maître ouvrier.

— J'avais déjà pensé à tout ceci, répondit Gaucher, mais je n'osais pas m'offrir au camarade dans la crainte de te chagriner. J'ai eu tort de douter de ton bon cœur, ma Lise, et puisque la chose vient de toi, je suis content de t'en laisser le mérite. Parle à Sept-Épées et dis-lui que si cela lui convient, je suis à son service pour le restant du mois.

Quand Sept-Épées eut accepté avec reconnaissance l'offre de son ami, Tonine lui dit : — Hier, j'ai ri mal à propos de votre livre de comptes. Si j'avais su ce que le pauvre Audebert vient de me dire, je n'aurais pas plaisanté sur une chose sérieuse.

— Que vous a-t-il donc dit, Tonine?

— Il s'est confessé à moi de plusieurs manquements qui lui sont revenus en mémoire depuis que la fièvre l'a quitté. Il craint que vous ne vous en soyez aperçu, et il vient de me prier de les corriger. Voulez-vous me permettre de les revoir, ces livres dont je me moquais hier?

— Je ne veux pas vous donner ce casse-tête, ma chère Tonine! J'ai bien vu que tout était en désarroi; mais je vous promets de n'en pas faire de reproche à Audebert, et, quand j'aurai l'esprit plus tranquille, je viendrai à bout de me reconnaître dans son griffonnage.

— Pourquoi pas tout de suite? reprit Tonine; ce que l'on remet ne se fait pas ou coûte beaucoup à faire. Puisque votre roue ne tourne pas aujourd'hui et que vous ne pouvez pas aider aux charrons, je peux bien vous donner le reste de ma demi-journée. Ce ne sera pas la rançon d'un roi. Asseyez-vous là, et à nous deux nous allons remettre vos affaires en ordre.

Tonine prit la plume et transcrivit sur un nouveau registre toutes les écritures d'Audebert, en consultant Sept-Épées sur chaque article de dépense et de recette. Elle en fit ensuite la balance, et lui prouva que, s'il était encore au-dessous de ses affaires, ce n'était pas la faute de son travail ni celle de son industrie, mais seulement celle du temps, et qu'en toute chose il fallait savoir attendre.

Gaucher, qui avait cru l'affaire très-brillante, fut étonné de la trouver si médiocre; mais elle n'était pas non plus mauvaise, comme beaucoup le prétendaient par jalousie. Sept-Épées fut bien soulagé de pouvoir en parler à cœur ouvert, chose qu'il n'avait pas encore osé faire, même avec ses meilleurs amis. Quand un ouvrier passe maître, il y a tant d'amour-propre en jeu chez lui et chez les autres qu'il devient méfiant et ombrageux, vantard ou pusillanime. Le jeune homme, qui tour à tour avait été un peu tout cela, se sentit à l'aise, et reconnut que les soucis avoués sont à moitié effacés, quand c'est l'amitié qui les partage.

— Et à présent, Tonine, dit-il à cette obligeante fille, à présent que vous m'avez remis le cœur dans la tête, est-ce que nous ne nous parlerons plus quand nous nous rencontrerons en ville ?

— Quand je vous verrai l'œil clair et la figure ouverte, comme Gaucher les a toujours, je vous parlerai comme je lui parle ; mais si je vous rencontre avec une mine soucieuse et des regards farouches, comme vous les avez depuis deux ou trois mois, je passerai d'un autre côté, sans vous dire autre chose que le bonjour, car je ne suis pas d'un caractère à aimer les gens qui ont l'air de se défier de tout le monde. Là-dessus, je m'en retourne à mon ouvrage. C'est vous qui veillerez le malade cette nuit ; la nuit d'après ce sera moi avec Lise, et ensuite Gaucher, et puis vous. De cette manière-là, nous gagnerons la fin de sa maladie, qui n'a pas l'air de vouloir durer longtemps ; après quoi, il vous quittera et viendra travailler en ville. Il me l'a promis, et vous devez l'y pousser, car il est trop seul ici la nuit, et ça ne vaut rien pour une tête malade. Sa compagnie ne vous est pas bonne non plus. Il vous faut un homme plus jeune et qui n'en cherche pas si long. Si vous m'en croyez, vous prendrez Va-sans-Peur.

— Va-sans-Peur n'est pas libre !

— Si fait. Il s'est fâché hier avec son patron, et ce matin je lui ai parlé de venir ici. Il ne sait ni lire ni écrire, mais il a bonne mémoire et bonne tête, et il n'y aura pas de mal à ce que vous écriviez vous-même. Le soir, au lieu de retourner en ville avec le coucher du soleil, vous devriez vous mettre à votre bureau pendant une heure. De cette manière, vous verriez toujours clair dans votre situation, et ça vaudrait mieux que d'y regarder de temps en temps.

— Oui, sans doute, il le faudrait; mais mon pauvre vieux parrain se couche comme les poules, et il s'ennuiera de souper seul !

— D'autant plus que sa vieille logeuse le fait mal souper quand vous n'êtes pas là. Il s'en plaignait à moi tantôt, et me disait que, s'il pouvait demeurer dans la maison où je suis, il serait plus proprement et aurait le soir ma compagnie. Si cela vous fait plaisir, on peut bien arranger la chose, et le vieux s'en trouvera bien.

— Tonine, répondit Sept-Épées, vous êtes bien la meilleure et la plus sage fille du monde. Vous avez le don de persuader les têtes les plus dures. Il y a des années que mon parrain se plaint de la maison où il est et des gens qui le nourrissent, et pourtant il ne fallait pas lui parler de changer. Avec un mot, vous le décidez, vous! Ça ne devrait pas m'étonner, car moi, qui devenais fou hier matin, me voilà comme dans le ciel aujourd'hui... Et si mon parrain demeure auprès de vous, je vous verrai donc tous les jours!...

— Oui, répondit Tonine; mais, vous savez, en camarade et en frère!... Pas d'autres idées entre nous! Plus je vois comme votre existence est difficile à arranger, moins j'ai envie de changer la mienne, qui va toute seule, comme un ruisseau dans un pré.

Tonine laissa Sept-Épées plein de courage et d'espérance. Quoi qu'elle pût lui dire, il se flattait de ne pas attendre bien longtemps un pardon complet. Il avait de l'amour-propre, et pouvait en avoir, étant beau, bien fait, intelligent et très-aimable quand il se sentait le cœur gai. Et puis Gaucher était là pour lui dire que Tonine l'aimait plus qu'elle ne voulait en convenir, et que ce qu'elle en faisait n'était qu'une épreuve où il entrait peut-être bien un peu de coquetterie. Du moins c'était l'idée de Lise, et Gaucher croyait sans examen tout ce que croyait sa femme.

Bien peu de jours après, le père Laguerre fut installé dans une assez bonne chambre, attenant à une pareille, destinée à Sept-Épées, juste au-dessous de celle que Tonine louait chez la Laurentis, une femme très-propre et très-honnête. C'est Tonine qui se chargea avec son hôtesse de surveiller le déménagement de Laguerre et de Sept-Épées, ainsi que de ranger leur petit ménage. Tout y était en fort mauvais état par suite de l'économie du parrain et de l'insouciance du filleul. Lise vint leur donner un coup de main, et un beau soir Sept-Épées fut tout surpris d'entrer dans un logement où tout paraissait neuf, tant les nippes étaient bien reprisées, et les meubles nettoyés et reluisants. Le modeste souper fut servi dans de la vaisselle non ébréchée, et le parrain déclara qu'on trouvait le vin meilleur quand le verre était clair et bien rincé. C'était une grande dérogation à ses habitudes sauvages et dures. Il pa-

raissait vouloir tourner tout d'un coup au sybaritisme.
Il y avait bien là dedans un peu de vengeance contre
son ex-hôtesse, avec laquelle il s'était fâché tout
rouge pour une chate voleuse de lard, vieille compagne qu'il aimait beaucoup et que la dame avait
fait méchamment disparaître ; mais il y avait aussi de
l'influence étonnante de Tonine. Elle l'avait pris par
son amour-propre. — Comment se fait-il, lui avait-elle dit un matin en entrant chez lui pour lui donner
des nouvelles d'Audebert, qu'un homme propre, un
vieillard sain et distingué comme vous, vive dans
un pareil taudis? C'est la négligence des gens dont
vous êtes pensionnaire qui vous fait passer pour
avare et crasseux. Il ne faudrait qu'un peu de cœur
et d'amitié autour de vous pour vous donner l'air
qui convient à un maitre ouvrier, l'un des plus considérés de la Ville Noire. Si vous étiez chez nous, ce
n'est pas la Laurentis qui vous laisserait aller le dimanche à la messe avec des trous aux genoux et
une chemise noircie du travail de la semaine.

— Le fait est, ma fille, avait répondu le vieux
forgeron, que la femme qui me soigne n'est bonne

qu'à tuer les chats, et je serais content de lui prouver qu'on peut-être mieux ailleurs que chez elle, sans payer davantage.

Sept-Épées fut tout à coup comme dans un autre monde, en voyant changer ainsi l'aspect des choses autour de lui. Au lieu du trou noir et hideux où l'ancienne demeure de son parrain était enfouie, il avait une chambre claire, élevée au flanc du rocher, et d'où il embrassait d'un coup d'œil tout le tableau bizarre et animé de la Ville Noire, pittoresque décor de fabriques enfumées et de cascades étincelantes, amas de charbons et de diamants, sanctuaire de travail ardent au sein d'une nature âpre et sublime. Sans bien se rendre compte de la poésie qui l'entourait, il sentit sa rêverie s'éclairer d'un rayon de joie et de bien-être. Les détails de la vie manufacturière sont souvent rebutants à voir. Rien de triste comme un atelier sombre où chaque homme rivé, comme une pièce de mécanique, à un instrument de fatigue fonctionne, exilé du jour et du soleil, au sein du bruit et de la fumée; mais quand l'ensemble formidable du puissant levier de la production se présente aux regards, quand une population active et industrieuse résume son cri de guerre contre l'inertie et son cri de victoire sur les éléments par les mille voix de ses machines obéissantes, la pensée s'élève, le cœur bat comme au spectacle d'une grande lutte, et l'on sent bien que toutes ces forces matérielles, mises en jeu par l'intelligence, sont une gloire pour l'humanité, une fête pour le ciel.

IX

Tonine n'avait probablement pas en elle le sens bien défini de cette appréciation, mais elle en avait l'instinct. Elle aimait sa Ville Noire, la blanche fille de l'atelier; elle y respirait à l'aise et voltigeait sur la sombre pouzzolane des ruelles et des galeries, aussi proprette et aussi tranquille que les bergeronnettes le long des remous de la rivière. Elle n'avait songé qu'à transporter à l'air et au soleil le nid de celui qu'elle appelait son camarade, et, sans être un esprit trop exceptionnel, elle savait bien qu'on vit plus joyeux sur une terrasse que dans une cave.

Un autre changement agréable dans la vie de Sept-Épées fut l'installation de Va-sans-Peur à la baraque, à la place d'Audebert, à qui Tonine avait su persuader de prendre la place que Sans-Peur laissait vide dans un des ateliers de la ville.

Cette résolution avait coûté à Audebert : son orgueil d'ex-propriétaire et d'homme à projets ne se pliait guère à l'austérité du simple compagnonnage. Il avait senti qu'il devenait une charge pour Sept-Épées ; mais il craignait de reparaître en ville, après ses désastres, sous le harnais de la servitude. Tonine, en causant avec lui, découvrit le secret de sa vanité et le moyen de lui donner un autre aliment.

Audebert avait méconnu sa véritable aptitude. Il était poëte ; les mots lui venaient en abondance, et sous ces mots il y avait de la peinture et de la vie. Il avait le sens de l'observation idéalisée, et son attendrissement était facilement provoqué par les petits drames de la vie ouvrière. Son erreur était d'avoir cru pouvoir aborder sans culture, et dans un âge trop avancé, les abstractions et les calculs de l'économie sociale.

C'est par hasard que, dans une petite reprise de fièvre, il se mit à parler en vers à Tonine. Les vers n'étaient pas corrects; Tonine ne s'en aperçut pas beaucoup, ils chantaient quand même à l'oreille et plaisaient à l'esprit. Les images étaient vives, et les sentiments tendres et vrais. Quand l'accès fut passé, Tonine lui demanda s'il n'avait pas fait quelquefois des chansons.

— Oui, quelquefois, pour m'amuser, répondit-il, mais je ne les ai jamais montrées. J'aurais eu honte de m'avouer poëte. Y a-t-il rien de plus méprisable qu'un poëte? C'est une voix pleurarde qui raconte la peine sans jamais trouver le remède.

— N'importe, reprit Tonine, montrez-moi vos chansons, ou si vous n'avez pas daigné les écrire, tâchez de vous en rappeler une ou deux. Vous avez la tête fatiguée, vous ne pouvez pas penser de quelque temps à vos grandes affaires, que d'ailleurs je ne comprendrais pas : une chanson vous délassera et me fera plaisir à entendre.

Audebert chanta ses vers, qui plurent à Tonine et à Lise. Elles les apprirent tout de suite et les chantèrent en ville, où ils furent très-goûtés. Audebert était depuis longtemps si sevré de compliments, qu'il fut très-sensible à ceux que lui rapporta Tonine. Le pauvre homme était bon et tendre dans sa vanité ; il y avait en lui autant de besoin d'être aimé que de besoin d'être admiré. Durant sa convalescence, il alla versifier dans la campagne. Sa tête s'y échauffa, et il rapporta des chansons en patois qui étaient réellement jolies. Il les envoya à Tonine par Sept-Epées, qui les lui remit en disant : — Voilà que le pauvre ami change de manie. Il se croit un petit Béranger, et si vous ne trouvez pas le moyen de l'arrêter, il va vous inonder de ses rimes.

— Eh bien ! ce sera ce qu'il aura fait de plus raisonnable en sa vie, dit Tonine après avoir lu les chansons. Écoutez vous-même si ce n'est pas gentil !

Elle chanta d'une jolie voix fraîche, et sans prétention, les vers du vieux rimeur, et Sept-Épées les trouva beaux, ce qui fit grand plaisir à Tonine. Le vieux parrain les écouta aussi, ne les comprit guère, mais les déclara très-jolis, craignant de passer pour une bête s'il était d'un autre avis que « sa princesse; » seulement il se persuada qu'il en ferait bien autant s'il voulait, mais il ne voulut pas.

Tonine et Lise répandirent les chansons en les vantant beaucoup; puis il leur vint une idée, qui fut de les faire envoyer sous enveloppe, par Gaucher, au journal des petites affiches de la ville, où quelquefois elles avaient lu les élucubrations des poëtes de la localité, lesquelles ne leur avaient pas toujours paru bien belles, et qu'on imprimait quand même. Le samedi suivant, elles trouvèrent avec joie une des chansons de leur poëte dans la feuille hebdomadaire. Ce fut pour les ouvriers de la Ville Noire la consécration du talent d'Audebert, et Tonine imagina encore de lui faire préparer un petit triomphe pour sa rentrée dans les ateliers. Deux ou trois jeunes gens, qui avaient du goût pour chanter, apprirent ses vers, et se mirent à les entonner en chœur quand il parut. De l'atelier où travaillait Tonine avec ses compagnes, des voix de jeunes filles répondirent le second couplet. Audebert fondit en larmes, et tout le monde attendri vint lui donner des poignées de main. Les garçons lui offrirent le vin de la bienvenue. On chanta beaucoup, on s'exalta un peu, et on ne travailla guère ce jour-là; mais le lendemain Audebert, jaloux de prouver qu'un poëte n'est pas nécessairement un paresseux, se mit à l'ouvrage avec ardeur, et en sortit le soir plein d'idées poétiques qu'il lui tardait d'écrire.

Toutefois le bon vieillard n'accepta point sa gloire sans quelques soupirs de regret. C'était pour lui comme un pis-aller, comme un petit sentier qui côtoyait la grande route rêvée. Il avait les préjugés de beaucoup de ceux de sa caste contre les beaux-esprits, et en revenait toujours à dire que ce n'était pas là le fait d'un homme sérieux et utile.

Gaucher, qui avait un grand bon sens dans sa simplicité, lui dit : — Consolez-vous, les vers qu'on chante me paraissent grandement utiles, à moi qui ne sais pas lire beaucoup dans les livres, et je ne suis pas le seul. C'est de la morale qui nous vient toute mâchée, et qui nous entre dans la tête sans que nous nous en apercevions. Ça dit beaucoup en peu de mots, ça va partout, et ça reste où ça va. Ça console souvent, ça apprend à voir et à sentir ce qui est beau et ce qui est bien. D'ailleurs il n'y a d'utile que ce qui est très-clair et très-bien dit. Vos systèmes pouvaient être bons, mais tout le monde ne les comprenait pas. Peut-être, sans vous offenser, qu'il y manquait par-ci par-là quelque petite chose, tandis que rien ne manque à vos chansons: Eh bien! quand on n'a pas tous les moyens qu'il faudrait pour tirer le monde de ses peines, c'est beaucoup que d'avoir les moyens de faire prendre les peines en patience. A votre place, je serais aussi fier d'avoir fait un beau couplet de chanson que d'avoir écrit plein une bibliothèque.

Audebert sut gré à Gaucher de ces bonnes paroles, et se tint au travail de l'atelier assez régulièrement. Il ne manquait pas de courage; seulement il ne s'y soutenait pas volontiers, et fâchait souvent les maîtres par un excès de susceptibilité. A la moindre apparence de reproche, il boudait comme un enfant. Lise, Tonine et Gaucher l'adoptèrent un peu comme tel, tout en respectant son âge, son cœur et son intelligence. Ils le logèrent près d'eux, sachant bien qu'il n'amasserait plus rien, et qu'il fallait le pousser à gagner son pain quotidien les jours de bonne humeur, le distraire les jours de tristesse, et le contenir les jours d'exaltation trop vive. Tonine conserva sur lui un grand empire, et sut le raccommoder plus d'une fois avec ses patrons, avec ses amis et avec lui-même.

Sept-Épées travaillait, lui, comme un diable enragé, espérant mettre ses affaires sur un assez bon pied pour que Tonine n'eût bientôt plus de prétexte à ses refus. Il était devenu amoureux d'elle plus qu'il ne l'avait jamais été, et il faut dire aussi qu'elle se faisait chaque jour remarquer davantage par son grand esprit et sa belle conduite. Elle devenait tout à fait jolie et le paraissait plus que toutes les autres à cause de ce certain air que les autres n'avaient pas. Elles imitaient bien sa coiffure, son habillement et sa tenue, car elle était devenue grandement à la mode ; mais tout cela n'était pas la princesse Tonine, et si les garçons de mauvaise vie s'éloignaient d'elle comme d'une mijaurée, ceux qui avaient du goût et de la fierté commençaient à lui faire la cour et à se disputer son attention.

Il arriva peu à peu qu'au milieu de ces hommages, Tonine parut devenir coquette à Sept-Épées, devenu jaloux. Elle n'encourageait personne, disant qu'elle voulait devenir vieille fille et rester sage ; mais elle avait des manières polies et de la gaieté avec tout le monde. Elle ne cachait pas sa figure et son esprit comme dans le temps où, grande et mince fillette, elle se méfiait d'elle-même et des autres. Elle était bien forcée de voir, à présent, qu'elle plaisait, que beaucoup voulaient lui plaire, et qu'elle était gardée par trop d'amoureux rivaux les uns des autres pour être exposée aux insolences d'un seul. Elle allait donc la tête haute dans sa Ville Noire, parlant à tous, conseillant l'un, consultant l'autre, toujours en vue du bien de quelqu'un, respectueuse avec les vieux, respectée des jeunes, ne voulant porter ombrage à aucune femme, et se faisant chérir de tous sans avoir l'air de le chercher.

Sept-Épées voyait tout cela et en était fier,

quand il s'imaginait être préféré en secret ; mais quand il ne sentait pas venir la préférence, il se tourmentait beaucoup, et ne savait plus que penser de l'amitié que Tonine lui avait témoignée dans ses peines. Il remarquait alors qu'elle avait des soins et de la bonté pour tous ceux qu'elle voyait souffrir autour d'elle, que c'était son plaisir d'obliger, et qu'adroite à consoler, elle s'en faisait un devoir. Chaque jour, ce caractère d'obligeance et de charité se développait chez elle, et après une enfance mélancolique et réservée elle devenait expansive et encourageante aux malheureux, comme si elle eût renoncé tout d'un coup à vivre pour elle-même.

Elle avait des attentions délicates qui la faisaient bénir partout. N'allant jamais à la danse ni dans les réunions où le goût qu'elle inspirait à beaucoup de jeunes gens eût pu susciter des querelles, elle avait, tout en travaillant avec assiduité à son atelier, tout son loisir disponible pour contenter son bon cœur. Si quelqu'un de sa connaissance était malade, n'eût-elle qu'une heure à lui donner, elle y courait, et sa seule présence soulageait et ranimait la famille. A un pauvre elle trouvait toujours moyen de porter quelque chose, ne se gênant pas, quand'elle n'avait rien, pour le demander à ceux qui étaient riches, et qu'elle trouvait toujours bien disposés pour l'aider dans sa charité. Si le père Laguerre était en colère, elle le persuadait si doucement, en commençant toujours par lui donner raison, qu'elle l'amenait vite à convenir qu'il avait tort. Si Gaucher avait un moment de tristesse, Lise accourait l'en avertir, et elle arrangeait une promenade avec les enfants pour le distraire.

Elle avait sur le rocher, au niveau de sa chambrette, quatre toises d'assise où elle était très-habile à élever des fleurs en pot. Elle allait tous les dimanches porter quelque plante bien fleurie à Audebert, qui adorait les parfums, et elle rapportait celle dont il avait joui durant la semaine, pour la soigner jusqu'à nouvelle floraison. Ses amoureux lui en apportaient qu'elle n'acceptait qu'en leur disant :

— Vous savez, c'est pour notre chansonnier! — Et on lui répondait :

— C'est bien, Tonine, puisque c'est votre plaisir !

Que n'imaginait-elle pas en effet pour faire plaisir à ses amis ! Elle avait procuré à Laguerre la plus belle chatte du monde, et elle la tenait propre et blanche comme une hermine. Elle apprenait à lire et à coudre à la petite Rose ; elle la faisait belle, taillant elle-même ses robes, lui arrangeant ses cheveux blonds avec tant de goût que Gaucher, sortant de sa forge, noir comme un diable, croyait voir un ange au seuil de sa maison. Quand les garçons allaient à la chasse ou à la pêche, elle les rançonnait gaiement pour ses malades, et ils étaient si contents d'être remerciés par elle qu'ils se fussent cassé le cou dans la montagne pour lui rapporter une grive ou une truite.

Sept-Épées remarquait tout, admirait et souffrait ; mais de quoi pouvait-il se plaindre ? S'il allait auprès d'elle avec l'intention de lui faire des reproches, il la trouvait raccommodant son linge ou préparant son souper, à la fois servante et maîtresse dans la maison qu'ils habitaient, comme dans toutes les maisons où elle daignait apporter l'ordre ou le secours, l'aumône de ses bras, de son cœur ou de son esprit, tout cela sans épargner ses mains blanches, que, par je ne sais quel miracle d'adresse ou de coquetterie, elle conservait si belles qu'il en était parlé jusque dans la ville haute, et que bien des dames en étaient jalouses.

Voyant que tout le monde voulait plaire à Tonine, Sept-Épées se tourmentait de ce qu'il pourrait faire pour être plus agréable et plus dévoué que les autres. Quoiqu'il fût sûr de la trouver chaque soir dans la chambre de son parrain et de pouvoir lui parler quelques instants, le Creux-Perdu était loin, et toute la journée se passait sans la voir, tandis que les autres jeunes ouvriers, allant et venant autour d'elle, pouvaient la rencontrer à toute heure. Il fut encore bien des fois sur le point d'envoyer paître la fortune ; mais une forte considération l'arrêta.

Tonine refusait tous les partis, disant qu'un mari raisonnable la contrarierait certainement dans sa libéralité, et qu'avec un mari de son humeur, la misère rendrait bientôt toute libéralité impossible.

Sept-Épées se disait alors qu'il fallait devenir riche afin de la mettre à même d'être généreuse à son gré, et quand la jalousie lui avait fait un peu négliger ses affaires, il s'y replongeait courageusement, mais sans grand succès. Ses relations au dehors étaient encore mal établies, ses placements médiocres, ses livraisons souvent en retard par la faute de ses ouvriers, en dépit de l'activité et de l'autorité de Va-sans-Peur.

Sept-Épées, dans son inquiétude, s'imaginait que Tonine eût pu lui donner l'élan du génie, si elle eût voulu l'aimer ; mais il n'était ni hardi, ni habile avec elle. Sa fierté s'accommodait peu des patientes délicatesses avec lesquelles il faut convaincre une femme que l'on a rendue méfiante par sa propre faute. Généreux et sincère, il ne savait pas être tendre. Sûr de sa franchise et orgueilleux de sa bonne conduite, qui l'élevait au-dessus de la plupart de ses jeunes compagnons, il ne souffrait pas aisément qu'on ne lui rendît pas justice. Il avait vu les paresseux et les débauchés faciles au repentir, aux larmes, aux protestations. Son parrain avait eu sur lui sa part d'influence. Il lui avait inspiré le mépris de la faiblesse, et lorsque, enfant, il avait eu, à la suite de quelque faute légère, le besoin de se faire pardonner, le vieillard lui avait dit, de sa voix terrible : Pas de ça ! il n'y a que les lâches qui câlinent les parents ! Ne recommencez pas à désobéir, voilà comment vous vous ferez absoudre. — Sept-Épées avait donc contracté un peu de la rigidité du vieux forgeron. Il n'avait guère connu les baisers d'une mère, et jamais le sentiment de protection tendre qu'une jeune sœur inspire. Sa mâle beauté disait tout cela pour qui savait l'étudier, et peut-être Tonine en avait-elle pénétré l'expression avec un peu de crainte.

Il avait pourtant de grands accès de sensibilité, le pauvre armurier, lorsqu'il se trouvait seul : parfois son cœur navré éclatait en sanglots ; mais il en rougissait au lieu de s'en faire un mérite. — Qu'importe que j'aie ce chagrin? se disait-il ; je sais bien que ce n'est pas le chagrin qui fait un homme solide et méritant : c'est au contraire ce qui l'affaiblit et le rabaisse. Tonine ne m'a-t-elle pas dit qu'il fallait persévérer dans mon entreprise? Sans doute elle me mépriserait, si je quittais la partie pour aller pleurer à sa porte comme un chien battu. Allons! un jour viendra peut-être où elle verra qui je suis, où les faits vaudront mieux pour la convaincre que de belles paroles pour l'attendrir!

Sept-Épées n'avait pas réalisé ses rêves d'aisance. Il n'avait ni forts mulets pour porter sa marchandise, ni bon petit cheval pour le porter lui-même dans ses visites aux détaillants. Il s'en allait à pied par les chemins, sombre, hautain, et mal disposé à prendre la pratique par la persuasion.

Aussi fit-il peu d'affaires. Il s'était bien trompé le jour où il s'était cru propre au commerce. Son âme droite et probe s'indignait des mille petits subterfuges de l'acheteur, des affectations de dédain en usage pour déprécier les produits et les avoir à meilleur compte. Il eût fallu répondre par un langage *ad hoc*, appelé *bagout* par les praticiens, échange de mensonges enjoués, de taquineries gasconnes, et même d'invectives de convention; cela lui était impossible. Il se fâchait quand on le traitait de voleur et de brigand, quoiqu'il sût bien que ce sont là les amicales plaisanteries reçues dans le petit commerce des grands chemins, et que, pour un sou de rabais, on peut aller jusqu'à se traiter d'assassin, sauf à trinquer ensemble un instant après, pour cimenter le bon accord.

Sept-Épées rentra un jour à la baraque, très-mécontent de sa situation, et il y trouva les choses sur un pied qui acheva de le consterner.

X

Va-sans-Peur était un très-honnête homme, très-attaché à son devoir, mais très-emporté quand le travail lui excitait les nerfs. Il avait défendu chaudement toute sa vie la dignité et la liberté de l'ouvrier contre l'exigence des patrons; mais quand il se vit patron lui-même, c'est-à-dire autorisé à diriger la fabrication à la baraque, il changea du jour au lendemain, avec la naïveté des hommes que le manque d'éducation et de réflexion abandonne sans réserve à l'instinct du moment. Il parlait durement à ses anciens camarades, il exigeait des apprentis plus qu'ils ne pouvaient savoir, il ne souffrait pas une observation, et passait avec trop de facilité du reproche à la menace. Bref, l'atelier était à peu près désert quand, après une de ses tournées dans la plaine, Sept-Épées y rentra, et, quand il questionna Va-sans-Peur, celui-ci, accusant les absents, lui fit vite deviner qu'il s'était brouillé avec tout son monde.

Sept-Épées fut obligé en ce moment de regretter le pacifique Audebert, qui traitait les apprentis comme ses enfants et faisait perdre un peu de temps aux ouvriers en voulant leur expliquer Épictète et Platon, qu'il n'avait jamais lus, mais qui du moins savait les retenir et les convaincre par sa bonté. Va-sans-Peur, pour vouloir trop bien faire, avait fait le désert autour de lui.

Sept-Épées alla à la ville et n'y trouva personne qui voulût se remettre sous la direction de son maître-ouvrier. On exigeait qu'il le renvoyât. Il promit de lui ôter toute autorité; mais, comme il lui fallait le temps d'en mettre un autre à sa place, il dut, en attendant, embaucher des compagnons-passants, et se trouver pendant plusieurs jours au milieu d'étrangers qu'il dirigea lui-même, avec peu d'entrain et beaucoup d'ennuis. Il résolut alors d'affermer sa propriété et d'en louer une mieux située, ce qu'il espérait pouvoir faire sans grande perte. Il entra en pourparlers avec des gens qui lui offrirent de la baraque un prix si minime que le découragement s'empara de lui. — Oui, oui, se disait-il, Tonine avait bien raison! Cet endroit-ci ne vaut rien, et peut-être a-t-elle deviné aussi que je n'étais bon à rien moi-même.

A tous ses mécomptes venait se joindre le dégoût du travail grossier auquel il s'était condamné pour gagner de l'argent, lui si fier autrefois de la beauté de sa main-d'œuvre. — *Elle* doit me mépriser pour cela, se disait-il encore. Autrefois elle admirait mes ouvrages, elle me traitait d'artiste dans ses bons jours. Peut-elle à présent faire une différence entre moi et le dernier des cloutiers? Et si en ce moment elle voyait où j'en suis avec ce métier brutal que je ne sais pas même rendre lucratif, ne se moquerait-elle pas cruellement de mes offres de mariage?

La honte le prit. Il se persuada qu'il ne pourrait plus soutenir le regard de Tonine s'il ne parvenait pas à relever sa position, et, sachant son parrain bien soigné chez la Laurentis, il se promit de ne plus reparaître à la Ville Noire avant d'avoir résolu le problème de sa destinée. — Il faut, se dit-il, qu'à tout prix je trouve le moyen de m'enrichir pour *elle,* et, puisque le négoce m'est interdit par mon mauvais caractère ou ma mauvaise chance, je veux revenir à l'idée que j'avais autrefois de découvrir un mécanisme pour décupler la vitesse et la facilité de nos industries. Je sais que rarement les inventeurs font fortune; mais du moins l'invention assure beaucoup d'honneur, et si j'apportais en dot une belle idée qui diminuerait la peine de l'artisan, je suis certain que Tonine serait fière et contente de moi. Allons, courage! Mettons-nous à l'œuvre. Que la boutique aille comme elle pourra! Mon petit atelier m'aura assez bien servi, s'il me met à même d'expérimenter mes découvertes.

Il confia de nouveau la direction des ouvriers à Va-sans-Peur, après une réprimande à la fois amicale et sévère qui fut prise en bonne part, et qui ramena le calme dans l'atelier. Quant à lui, il s'installa dans une espèce de chambre qu'il se construisit lui-même avec des planches dans sa galerie, et où il brava le froid, qui commençait à se faire sentir, travaillant jour et nuit, dessinant, fabriquant de petits modèles et se creusant l'esprit avec une résolution héroïque.

Malheureusement son instruction n'était pas à la hauteur de son courage et de son intelligence. Il eût fallu avoir plus que des notions élémentaires des lois scientifiques qu'il prétendait deviner, et qui lui créaient à chaque instant des obstacles imprévus. Il espérait trouver la lumière dans les livres; mais, outre qu'il n'en avait guère et qu'il ignorait s'ils étaient bons, ils étaient, à beaucoup d'égards, lettres closes pour lui. Il n'osait aller, à la ville haute, consulter d'anciens praticiens devenus savants : il avait peur de passer pour un fou d'un autre genre qu'Audebert, et que la chose, rapportée à Tonine, n'achevât de le déconsidérer dans son esprit.

Il s'était donné un mois pour aboutir. Le mois écoulé, il fut bien forcé de s'en accorder un second, et quand celui-ci fut passé sans qu'aucune certitude se fût révélée, une poignante douleur s'empara de lui. Il succombait à la fatigue, après avoir passé par toutes les alternatives de l'espérance, du doute et de la désillusion. Tout ce qu'il avait découvert, c'est qu'il ne savait rien. Il luttait avec acharnement contre la rigueur de l'hiver dans un logement détestable, au milieu d'un paysage sinistre et désolé, tantôt errant, la tête en feu, dans la neige, tantôt contemplant, avec un cœur glacé d'effroi, les vestiges mal effacés des paroles écrites au charbon par Audebert sur la muraille la nuit où cet infortuné avait été si près de se donner la mort. Ces paroles, en partie disparues, ne présentaient plus aucun sens à ceux qui ne les avaient jamais lues ; mais Sept-Épées les savait par cœur et croyait par moments les voir écrites en caractères de sang d'une épouvantable netteté.

C'est que la lutte qu'il soutenait pour la gloire était bien plus ardente et plus terrible que celle qu'il avait soutenue pour la fortune. Il ne s'agissait plus d'être riche pour Tonine : il avait pu échouer là sans honte ; il s'agissait de lui prouver une capacité sérieuse : échouer ici, c'était le désespoir.

Gaucher s'inquiétait de lui, et Tonine encore plus. Elle questionnait son cousin, qui plusieurs fois alla voir le solitaire du Creux-Perdu et le trouva sombre, refusant de s'expliquer. Un jour elle y alla elle-même avec Lise. Sept-Épées était précisément, ce jour-là, absorbé par un vague espoir de succès qui le rendait plus courageux et en même temps moins expansif que jamais. Il fut d'abord touché et surpris de la visite de Tonine ; mais comme, par pudeur et dignité, elle en mettait l'initiative sur le compte de Lise, il repoussa l'espérance avec cette sorte de *spleen* qui semble se complaire dans la douleur. Il affecta toutefois d'avoir l'esprit tranquille, et, aux questions qui lui furent faites sur l'état de ses affaires, il répondit avec stoïcisme que tout allait bien et qu'il était très-content.

— Mais pourquoi ne vous voit-on plus? dit Tonine, vous oubliez donc votre vieux parrain et tous vos amis?

— Je n'oublie personne; mais vous savez... l'œil du maître... Chaque fois que je m'absente, je trouve le désarroi au retour.

Et après plusieurs défaites il promit d'aller passer *un de ces dimanches* à la Ville Noire; mais quand Gaucher l'invita à venir manger avec lui le dimanche suivant, il ne voulut s'engager à rien, disant : — Je tâcherai, mais ne m'attendez pas.

— Tiens, vois-tu, dit Tonine à Lise en revenant à la Ville Noire : c'est fini de ce pauvre garçon-là!

— Comment, tu crois qu'il va mourir?

— Je crois qu'il est mort à l'amitié et qu'il ne vivra plus que pour l'intérêt. Le voilà qui, à vingt-cinq ans, tourne au calcul comme s'il en avait cinquante.

— Peut-être que son commerce va mal et qu'il ne veut pas l'avouer, dit Gaucher.

— Je pensais, reprit Tonine, que nous lui avions montré assez d'amitié, en pareille circonstance, pour qu'il dût ne pas redevenir cachotier comme la première fois. N'avons-nous pas fait notre possible pour lui éclaircir les idées et lui donner confiance en nous? Je n'aime pas cette fierté qui cache des peines d'argent comme des peines de cœur, et si vous voulez que je vous le dise, je n'y comprends rien du tout. Où est le mal de ne pas réussir, quand il n'y a pas de notre faute? Est-ce une honte de rester pauvre? Qu'est-ce que cette idée-là, de croire que la richesse est un devoir et un honneur? Alors, vous et moi, et des milliers de braves gens qui ne peuvent pas aller plus loin que leur pain gagné, nous serions donc tous méprisables?

— Tu ne veux pas comprendre, lui répondit Gaucher, que l'esprit tourmente, et que celui qui croit en avoir plus que les autres ne peut pas être heureux, s'il ne monte pas plus haut que les autres.

— Allons! dit Tonine, c'est donc ça? Eh bien, alors prions Dieu pour que ce grand esprit nous monte sur les épaules et puis par-dessus la tête; mais ne nous imaginons plus qu'il ait besoin de nos amitiés, car, après avoir fait semblant de s'en contenter, il nous montre bien aujourd'hui qu'il ne lui en faut pas d'autre que la sienne.

— On croirait, Tonine, que tu as du dépit, dit la Lise. Pourquoi, puisqu'il a eu l'air de revenir à toi franchement, n'as-tu pas voulu lui pardonner?

— Pardonner quoi? dit Gaucher, à qui l'on avait toujours caché la faute de son ami.

— Pardonner ses ambitions, répondit Tonine; vous savez qu'elles m'avaient déjà choquée : aujourd'hui elles me choquent encore plus, parce que je vois qu'elles prennent le dessus, et qu'un cœur si tourmenté ne serait ni heureux en ménage, ni capable de donner le bonheur.

— Elle a raison, Tonine! dit Gaucher à sa femme. Sept-Épées n'est pas ce qu'il faut à une simple ouvrière. Je ne l'en estime pas moins pour cela : chacun a son plan sur l'escalier du monde; mais j'estime aussi le bon sens de la cousine, qui veut un mari tout à elle, comme je suis tout à toi.

Quand les époux Gaucher et leur cousine furent rentrés à la Ville Noire, Lise, se trouvant seule avec Tonine, vit qu'elle se retenait de pleurer, et la Laurentis, qui entra un moment après, le remarqua aussi. La Laurentis était une bonne femme, toute grasse et toute ronde, passablement fine dans les choses de cœur, et très-fière de l'amitié de Tonine, qu'elle chérissait comme sa fille. — Savez-vous ce qu'elle a? dit-elle à Lise. Je le sais moi, qui vous parle. Elle se fait du chagrin à cause de ce mauvais armurier qui est beau garçon, j'en conviens, et qui travaille dans l'acier comme un écureuil dans une noix... Mais après? ça n'a pas de sentiment, voyez-vous, ces hommes de mérite! ça n'aime que la gloriole et les écus, et si vous êtes autant que moi l'amie de Tonine, vous lui conseillerez de penser à un autre.

Tonine gronda la Laurentis et nia qu'elle eût de l'amour pour Sept-Épées; mais, pressée par les tendres questions de ces deux bonnes amies, elle finit par avouer qu'elle l'avait aimé. — Et à présent tu l'aimes encore, dit la Lise, puisque la mère Laurentis dit que tu ne dors pas bien, et que souvent tu ne manges pas du tout?

— A présent, reprit Tonine, je sens que c'est bien

fini ! Cette fantaisie-là m'a quittée et reprise deux ou trois fois depuis un an, mais chaque fois je me suis fait une raison, car je voyais bien que je serais malheureuse avec ce jeune homme ; oui, malheureuse du plus grand malheur qu'il y ait peut-être pour une femme, celui de ne pouvoir pas rendre heureux et content celui qu'elle aime. Si je pleure dans ce moment-ci, c'est parce que vous m'y poussez en me disant que j'ai des peines, et vous avez tort. Rien ne rend lâche comme de se laisser plaindre. Est-ce que vous ne voyez pas tout ce que je surmonte quand je m'occupe des autres afin de m'oublier? J'ai trouvé cette consolation-là, qui est grande, si grande qu'elle me donne du bonheur malgré tout.

— Peut-être bien, dit la Lise, que Sept-Épées a la même peine que toi, et qu'en vous expliquant encore une fois vous pourriez vous entendre.

— Non ! reprit Tonine, nous ne nous entendrions pas mieux, car nous ne voyons pas de la même manière. S'il est vrai qu'il ait du dépit, il cherche dans l'argent un remède qui me répugne, tandis que le remède que j'ai trouvé est la condamnation du sien.

— Mais, dit encore la Lise, s'il voulait être riche pour faire du bien et pour te donner le pouvoir d'en faire?

— Oh! oui, fiez-vous à ça! dit la Laurentis. Ce n'est pas à une femme de mon expérience qu'il faut venir conter ces rêveries-là. J'en ai vu, moi, de ces jeunes gens qui parlent de tout donner quand ils auront tout ; mais en attendant, dès qu'ils ont quelque chose, ils le placent pour en avoir davantage, ou ils le mangent pour leur plaisir. Est-ce que c'est possible autrement, à moins d'être des saints du bon Dieu? Est-ce qu'on peut d'ailleurs s'enrichir comme ça du jour au lendemain? Nenni, mes enfants, il faut le temps à tout. On se flatte d'amasser vite en mettant un sou devant l'autre, et on ne s'enrichit qu'avec beaucoup de peine et de patience. On est vieux quand on commence à pouvoir se reposer, et alors c'est bien trop tard pour redevenir doux et humain avec le petit monde dont on est sorti. On connaît trop ses défauts, on s'est trop battu avec lui pour le forcer à vous bien servir; on s'est trop habitué à le mener dur, à s'en méfier, à le craindre, et comme on n'a pas toujours soi-même la conscience bien nette envers lui, on croit qu'il vous déteste et on n'est point disposé à le traiter en ami. Allez, allez, mes bonnes filles! j'ai vu ça par mon pauvre défunt mari, qui avait monté une auberge et qui était un agneau au commencement. Et comme, par la douceur, il ne pouvait pas faire à son idée, il était devenu si chagrin et si malheureux, qu'après avoir battu ses garçons, il me battait moi-même, pauvre cher homme! Eh bien! gare à celle qui épousera ce Sept-Épées! Ou il se ruinera, ou s'il réussit, il lui faudra, jour par jour, heure par heure, perdre un morceau de son cœur pour mettre une pièce d'or de plus dans sa bourse. Quand on a passé vingt ou trente ans de sa pauvre vie à disputer avec l'ouvrier, sous peine de ne rien gagner sur lui, est-ce qu'on peut tout d'un coup, comme ça, le jour où on place ses rentes, lui dire : A présent, mon petit, nous avons partagé la peine, nous allons partager le plaisir? Non, non! le bon Dieu ne fait guère de ces miracles-là, s'il en fait! Le cœur usé et désabusé ne se rajeunit pas comme ça! Et vraiment, quand on y pense, ça n'est plus sa faute, s'il se trouve un peu endurci! Il n'y peut rien lui-même : voilà ce que je me disais, moi, en voyant défunt Laurentis devenir terrible, lui qui avait été si bon! et je me reprochais de n'avoir pas prévu tout cela le jour où il m'avait dit : « Montons une maison et tâchons de réussir! » J'aurais dû l'en empêcher et lui répondre : « Ne montons rien du tout; gardons notre gaieté et nos amis! »

Ce discours philosophique de la Laurentis, débité avec l'aisance d'une femme qui aimait à parler, mais qui ne parlait pas au hasard, parce qu'elle avait du cœur, fit beaucoup d'impression sur Tonine, et Lise s'y rendit entièrement.

— Je vois que vous êtes une femme de bon conseil, dit-elle à la Laurentis, et Tonine n'a pas tort de vous écouter. Ne parlons donc plus jamais de Sept-Épées. Puisqu'il veut qu'on l'oublie, oublions-le.

— Non! répondit Tonine. Il a été mon camarade

de jeunesse, et je prendrai toujours part à ses peines, s'il revient à penser que mon amitié y peut quelque chose ; mais je ne m'en tourmenterai pas plus que de celles des autres, et quant à l'épouser, le voulût-il encore, je ne reviendrai jamais sur ce que j'ai décidé.

Lise, bien assurée que tout était à jamais rompu entre l'armurier et la plieuse, ne fit pas d'objections à un entretien qu'elle entendit, peu de jours après, entre son mari et le père Laguerre.

Gaucher avait été interrogé par son patron, M. Trottin, le même qui avait été aussi pendant plusieurs années le patron de Sept-Épées. Il avait demandé de ses nouvelles, et il avait dit ensuite : — Que diable fait-il là-bas dans son désert? Il devrait vendre cela, quand même il y perdrait, et revenir chez nous. Tâchez de l'y décider. Je ne lui en veux pas ; dites-lui que je le recevrai d'aussi bon cœur que s'il ne m'avait pas quitté un peu brusquement. C'est un garçon qui ne sait pas ce qu'il vaut et ce qu'il peut gagner dans un atelier. S'il m'eût consulté, au lieu de faire à sa tête, je l'aurais peut-être associé à mes bénéfices, et qui sait si je ne lui eusse pas fait faire un bon mariage ?

Ce dernier mot fit ouvrir l'oreille au parrain, à qui Gaucher rapportait le discours du patron. Ledit patron avait une fille qu'on appelait mademoiselle Clarisse, laquelle n'était ni belle ni laide, et passait pour un peu sotte, bien qu'elle eût été en pension à la ville haute et qu'elle portât des *cages*, ce qui faisait dire aux bourgeoises de vieille roche qu'elle ne manquait pas d'acier pour s'arrondir dans l'atelier de monsieur son père.

Mais son père se moquait bien des lazzis; il avait cinquante mille francs placés en dehors de sa fabrique. Il avait donné dix mille francs de dot à ses deux aînées, Clarisse en aurait tout autant, et, comme le père songeait à se retirer à la ville haute, un gendre aussi capable que Sept-Épées de faire valoir l'usine, dont le produit augmentait toujours d'autant le capital de la famille, pouvait fort bien lui convenir. Cette idée plut beaucoup au parrain, qui voyait là le moyen de ramener son fils adoptif auprès de lui, et de le fixer pour longtemps, sinon pour toujours, à la ville basse. Gaucher fut chargé d'aller en causer avec Sept-Épées.

Sept-Épées était au bout de ses espérances et de ses essais quand cette offre lui tomba sur la tête. Il regimba et parla de Tonine. Gaucher, qui souhaitait plus que lui-même la satisfaction de son ambition et qui y croyait encore, le détourna de Tonine en lui affirmant qu'elle avait bien sérieusement résolu de ne pas se marier. Alors Sept-Épées baissa la tête, et, dans un accès de farouche dépit contre elle, il laissa Gaucher l'entretenir des perfections de mademoiselle Trottin, sans l'écouter, mais sans le contredire. Il ne s'engagea à rien, mais il ne refusa pas de rentrer à l'atelier Trottin. Il sentait bien qu'il était temps de reprendre la chaine, s'il ne voulait pas s'endetter et se mettre dans les embarras pour toute sa vie.

XI

Tonine, ayant appris que Sept-Épées n'avait pas dit non, et que Gaucher commençait à tâter le terrain pour le mariage projeté, eut un nouvel accès de chagrin et pleura encore; mais elle s'en cacha, même avec la Laurentis, et s'efforça de n'y plus penser.

Le lendemain, elle alla rendre visite à Rosalie Sauvière, une de ses plus chères compagnes qui s'était cassé un bras, et elle y rencontra le jeune médecin Anthime, celui qui avait soigné Audebert à la baraque. D'autres fois déjà, elle s'était retrouvée avec lui dans des circonstances analogues; mais comme elle voyait bien dans ses yeux le goût qu'il avait pour elle, elle le tenait à si belle distance qu'il n'avait jamais osé lui parler d'amour. Ce jour-là, préoccupée et un peu abattue, elle ne remarqua pas qu'il restait plus que de besoin, et d'ailleurs elle ne pouvait croire qu'il osât lui faire la cour devant sa jeune compagne et devant la mère de celle-ci, qui était une femme très-estimée et très-religieuse; mais à sa grande surprise M. Anthime lui prit la main et lui dit : — Mademoiselle Tonine, j'ai quelque chose de très-sérieux à vous confier, et il y a longtemps que j'en cherche l'occasion. C'est quelque chose de si honnête que la présence de madame Sauvière et de sa fille, loin de me gêner, me décide ; je les prends à témoin de mes paroles. Je suis amoureux de vous depuis le premier jour où je vous ai parlé, et depuis ce jour-là je vous ai vue faire tant de bien et j'en ai tant entendu dire de vous à tout le monde, que j'ai réclamé de mon père la permission de vous demander en mariage. Mon père est, vous le savez, un bon bourgeois philosophe dont le cœur répond à l'intelligence. Il a pris des informations sur vous et il a approuvé mon choix. Il n'est pas très-riche, mais je suis fils unique ; j'ai déjà une bonne petite clientèle et je suis un honnête garçon. Voulez-vous bien recevoir ma demande, y réfléchir quelques jours, prendre sur moi toutes les informations que vous jugerez nécessaires, et me rendre réponse le plus tôt possible, car je vais être bien inquiet et bien agité en attendant votre décision ?

Tonine fut si étourdie de cette déclaration et de la manière franche et respectueuse dont elle fut faite, qu'elle ne sut d'abord que répondre.

— Tu vois bien, ma fille, lui dit madame Sauvière, que monsieur te parle très-sérieusement, que c'est un grand honneur qu'il te fait, et, comme tu connais bien sa position et sa famille, je ne crois pas que tu aies de longues réflexions à faire.

— Je n'en ferai donc point, répondit Tonine, et lui dirai tout de suite que je le remercie et que je l'estime tout à fait pour son idée d'aimer une fille qui n'a que son honnêteté pour tout bien ; mais je ne veux guère me marier, et si je le voulais un peu, ce serait à la condition de ne pas quitter mon endroit, où j'ai de bons vieux amis et où je me regarde quasiment comme la fille à tous les honnêtes gens.

— En cela, tu as raison, reprit la Sauvière ; tu es la fille bénie et chérie des familles, la sœur de toute la jeunesse raisonnable, la mère à tous les pauvres petits enfants. Vous n'avez pas tort de vouloir d'elle, monsieur Anthime ; c'est l'honneur et le bonheur de la Ville Noire que vous nous enlevez ! Mais comme avant tout nous devons penser à ce qui lui est avantageux, ce n'est pas moi qui dirai un mot pour l'empêcher de monter au rang qui lui convient, et où je vous réponds qu'elle saura bien se tenir dans l'estime de tout le monde.

— Moi, je ne tiens pas au rang, dit Tonine, au contraire, je le crains beaucoup.

— Le rang d'un médecin, si rang il y a, répondit le jeune docteur, est pourtant celui qui convient le mieux à l'amie des pauvres.

— C'est vrai, monsieur, dit Tonine, mais je ne crois pas pouvoir quitter la ville basse. J'y ai été trop aimée pour me contenter de l'amitié que je pourrais trouver ailleurs. Il me faudrait devenir dame dans la ville haute, et j'y serais moquée comme ma pauvre sœur l'a été. Cet endroit-là, voyez-vous, ne me rappelle que des peines, et quand je suis forcée d'y aller, c'est bien à contre-cœur !

— Mais qu'à cela ne tienne ! s'écria Anthime ; si vous voulez rester ici, je m'y établirai, moi, et j'y serai plus utile qu'à la ville haute, où il y a plusieurs médecins, tandis que vous n'en avez pas un seul fixé parmi vous. Vous ne changerez donc rien à vos habitudes, Tonine, et vous aurez rendu à vos chers concitoyens un très-grand service.

Cette bonne réponse fit une certaine impression sur Tonine, et elle demanda seulement huit jours pour réfléchir.

— Moi, je ne vous demande pas le secret, lui dit M. Anthime en se retirant; au contraire, je désire que vous consultiez vos meilleurs amis. Quelle que soit votre réponse, je ne me repentirai jamais d'avoir rendu hommage à une personne telle que vous.

Tonine fut si flattée de la conduite d'Anthime qu'elle ne lui refusa pas une poignée de main, et permit à la mère Sauvière et à sa fille de la féliciter, comme si elle était déjà madame la doctoresse. Elle était même un peu enivrée de l'événement quand elle retourna chez elle, et elle ne put se tenir de consulter Lise au plus vite. Lise enchantée courut avertir Gaucher, qui en sauta de joie. — Si c'était tout autre bourgeois, dit-il, je te tordrais le cou plutôt que d'y consentir. A cause de ce qui est arrivé à ta sœur, je suis contre ces mariages-là ; mais M. Anthime ! c'est bien différent : c'est le fils du plus brave homme qui existe, et lui-même est un homme de cœur, l'ami des pauvres comme son père ! Je l'ai vu auprès des malheureux. Il ne les plaint pas seulement, il les aime. Oui, oui, Tonine, c'est là le mari qu'il te faut, et Dieu envoie ce bonheur à ta famille pour la dédommager des chagrins que Molino lui a causés.

La journée se passa à consulter la Laurentis, l'ami Audebert et le vieux voisin Laguerre, qui tous furent de l'avis de Gaucher. Laguerre méprisait un peu la médecine ; mais, en voyant Anthime soigner gratis les pauvres de la Ville Noire, il avait été forcé d'estimer le médecin.

Cependant Sept-Épées pensait, de son côté, au riche mariage qui lui était pour ainsi dire offert, et il s'efforçait de l'accepter en lui-même. Il y a bien des tentations dans la fortune, surtout pour celui qui lui a immolé ses premiers rêves d'amour, et l'armurier ne se dissimulait pas que, quelques mois plus tôt, il n'eût guère hésité à suivre le conseil de Gaucher; mais son goût pour Tonine était devenu une passion, et son image lui revenait à l'esprit avec tant d'insistance qu'il résolut d'aller la trouver, de lui dire ce qui se passait, et de lui sacrifier tout, si elle voulait être sa femme.

Il partit le soir même, et passa par la ville haute, où il avait affaire, de sorte qu'il n'arriva que vers dix heures à la Ville Noire. C'était une heure indue pour le parrain, et Sept-Épées, pensant bien le trouver endormi, entra sans bruit dans la maison pour ne pas le déranger. Il avait vu de la lumière à la petite fenêtre de Tonine ; il savait qu'elle veillait souvent jusqu'à minuit pour travailler à l'aiguille. Il monta à sa chambre, décidé à frapper à sa porte et à lui demander une explication pour le lendemain matin, car il savait bien qu'elle ne lui ouvrirait pas.

L'escalier du dernier étage était extérieur, taillé dans le rocher. Pour pénétrer chez Tonine, il fallait traverser la terrasse de quatre toises carrées où elle soignait ses pots de fleurs. Comme le sol en était encombré, Sept-Épées marcha avec précaution pour ne pas les heurter dans l'obscurité, et dans ce moment il entendit la voix de Lise qui prononçait son nom dans la chambre de Tonine. Il s'arrêta, curieux de savoir ce qui se disait là ; il s'assit sur la marche du seuil de cette chambre, se promettant de confesser son indiscrétion, mais ne pouvant résister au désir d'écouter. La porte était mince, il entendit tout.

Voici de quoi il était question. Tonine avait désiré savoir, avant de prendre aucun parti, si le jeune armurier était décidé à rechercher mademoiselle Trottin, et on avait consulté là-dessus le parrain, qui s'était avancé un peu plus qu'il ne fallait, tant il avait envie de voir son filleul établi dans la Ville Noire, si bien qu'au moment où celui-ci accourait pour dire à Tonine qu'il n'aimait et ne souhaitait qu'elle, Lise venait de lui affirmer qu'elle pouvait très-librement se décider pour le médecin.

Tonine était femme, et son légitime orgueil de citadine de la Ville Noire était flatté de l'avenir honorable et relativement très-brillant qui s'ouvrait devant elle. Elle était heureuse d'amener le secours d'un médecin instruit et dévoué à ses concitoyens, c'était même peut-être un devoir pour elle. Elle faisait déjà des projets, et Lise l'aidait à se monter la tête. Elle employait d'avance son modeste revenu en aumônes de tout genre, elle arrangeait aussi sa demeure avec goût et simplicité; elle rêvait une maisonnette propre et bien aérée sur un des clairs

bassins que formait la rivière au bas de la Ville
Noire, avec la vue des arbres et un petit jardin où
elle pourrait cultiver des fleurs en pleine terre. Ses
pauvres rosiers, martyrisés dans leurs pots de grès,
se trouveraient bien heureux de pouvoir étendre enfin
leurs racines. Enfant au milieu de sa grande sagesse,
elle avouait à Lise qu'elle avait toujours songé à un
camélia panaché de rose et de blanc, comme elle en
avait vu dans le jardin de son beau-frère du temps
que sa sœur était dame à la grande usine de la Barre-
Molino. Puis elle ajoutait : — Ma pauvre sœur! ça
ne lui a pourtant guère profité de sortir de son état!
Elle était contente de se faire belle, et voulait me
donner ses goûts et même me faire porter le chapeau.
La chose ne m'allait pas du tout, et je ne voulus pas.
Est-ce que tu crois, Lise, que mon mari exigera que
j'en porte? Cela me gênerait bien, et j'aurais peur
de ressembler à Clarisse Trottin, qui a l'air d'une
betterave dans du gazillon. — Là-dessus Tonine
riait, bien décidée à ne pas porter de chapeaux,
mais contente de se dire qu'elle aurait le droit d'en
porter.

Cependant tout d'un coup elle cessa de rire. — Nous parlons, dit-elle, de tout ce qui est l'embellissement du mariage, mais on n'embellit que ce qui est beau, et pour que mon mariage le soit, il faut que j'aime mon mari !

— Tu l'aimeras, dit la Lise.

— J'y ferai mon possible, car il mérite de ma part beaucoup d'estime et de reconnaissance. Pourtant...

— Pourtant quoi? Il n'est pas vilain garçon; il se tient très-proprement, il est jeune et il n'a pas l'air commun. Et puis il est amoureux pour de bon, celui-là! Quand on se voit aimée si honnêtement, il est impossible qu'on n'aime pas de tout son cœur !

— Tu crois, Lise? Oui, ça doit être comme tu dis! Pourtant il me semble tout drôle d'aimer un homme que je connais si peu ! Et puis j'ai comme un poids sur le cœur; je ne sais pas ce que c'est.

— Est-ce que tu penses encore à Sept-Épées ?

— Non, certes; mais je n'aimerais pas un bonheur qui ferait sa peine. Je voudrais être bien sûre qu'il sera content d'épouser Clarisse.

— Tu te fais trop de scrupule ! Sept-Épées sera riche, ça console de bien des idées qu'on se faisait !

— Et peut-être qu'il n'a pas d'autre souci que la peur de me désoler ! Allons, Dieu fasse qu'il se marie bientôt et qu'il ne regrette rien ! Moi, je serai peut-être heureuse, qui sait ?

— Oui, oui, reprit Lise ; tu as bien assez pensé aux autres, il est temps que tu songes un peu à toi-même.

Elle embrassa Tonine et se retira sans voir Sept-Épées, qui se baissa dans l'obscurité au moment où elle passa près de lui.

Il resta là une heure, vingt fois sur le point de frapper et de dire à Tonine : — Ne vous mariez pas, j'en mourrais ! — Mais cette conduite lui parut indigne d'un homme de cœur, et, pour résister à la tentation, il s'enfuit dans la montagne.

Là, il s'abandonna à sa douleur et marcha toute la nuit comme un fou ; puis il se calma et réfléchit. Il sentit que Tonine avait le droit de se venger de lui par un bon mariage, et qu'elle avait pourtant si peu l'idée de la vengeance qu'avant tout elle se tourmentait du chagrin qu'elle risquait de lui causer. Tonine était bonne, et surtout bonne pour lui, prête à sacrifier tout ce qui pouvait, tout ce qui devait lui plaire dans l'offre d'Anthime plutôt que de briser le cœur d'un ami coupable et malheureux. Il voyait bien qu'il n'avait qu'un mot à dire pour qu'elle renonçât à ce bel établissement, à la vie de dame charitable pour laquelle elle semblait réellement être née, aux plaisirs innocents qui seuls pouvaient éveiller sa convoitise, à la petite maison réflétée dans l'eau tranquille sous les aunes et les saules pleureurs, au camélia panaché de rose et de blanc, au droit de porter un chapeau, et de s'en affranchir par raffinement de goût et de fierté plébéienne. Sept-Épées voyait clair dans tout cela. Tonine ne l'aimait point avec passion, puisqu'elle ne voulait pas être sa femme; mais elle avait l'amitié si généreuse, et tant de souvenirs l'attachaient à lui, qu'elle ne pouvait être heureuse s'il n'était heureux de son côté.

Ceci bien prouvé, Sept-Épées, après beaucoup de luttes contre lui-même, comprit son devoir. — Il ne faut pas, se dit-il, qu'elle me voie souffrir ; il faut qu'elle ne perde pas l'occasion de son bonheur, puisque voilà un jeune homme qui l'aime comme elle le mérite, et mieux apparemment que je n'ai su l'aimer. Je n'ai qu'une manière de réparer mon tort : c'est de ne pas faire obstacle à son mariage, c'est de refouler ma jalousie et de cacher ma peine. Allons ! j'ai mis une fois mon courage à vaincre l'amour pour l'ambition, tâchons de le mettre aujourd'hui à vaincre l'amour pour l'honneur.

Quand il revint à la baraque, où Va-sans-Peur était déjà debout, sa pâleur effraya celui-ci. Va-sans-Peur, quoique rude et d'une laideur farouche, avait beaucoup d'affection et même de la sensibilité, comme il arrive à certaines natures impétueuses pleines de contrastes. Sept-Épées vit qu'il le regardait avec anxiété, et que des larmes de tendresse et d'inquiétude coulaient sur sa face de sanglier. Ces larmes provoquèrent tout à coup celles du jeune artisan ; il pleura beaucoup et se sentit soulagé.

Il se jeta sur son grabat et dormit quelques heures, plus tranquille depuis qu'il se voyait tout à fait malheureux et résolu à se bien conduire. Vers midi, il était sur pied. Il mit ses comptes en ordre, prit sur lui la moitié du peu d'argent qu'il avait, et remit l'autre moitié à Va-sans-Peur en lui disant :

— Je sais que tu as de l'amitié pour moi ; je ne suis pas ingrat. Ne t'inquiète pas de moi, j'ai du courage, et les voyages me distrairont. Je m'absente pour quelque temps ; je te confie l'atelier et tout ce que je possède, en t'associant pour moitié aux profits. Si tu préfères l'affermer et retourner au travail à la pièce, je t'en laisse la liberté : tu feras pour le mieux, j'en suis sûr ; mais il y a une chose que j'exige de ton amitié et sur ta parole d'honnête homme : c'est que tu ne rendras personne malheureux à cause de moi. Il faut que tu me promettes cela, comme si je devais mourir dans une heure.

Et quand Va-sans-Peur lui eut donné sa parole, il ajouta : — N'aie aucune crainte à cause de moi ; à mon tour je te donne ma parole de ne commettre aucune lâcheté.

Il lui signa une procuration, lui recommanda de ne rien dire de son départ avant qu'il n'eût écrit lui-même, l'embrassa cordialement, déjeuna et trinqua avec lui ; puis, mettant sur son épaule son mince paquet et son sac d'outils, il monta le ravin et prit à pied la route de Lyon.

On ne sut pas ce jour-là, ni le lendemain, qu'il était parti. Le troisième jour seulement, Laguerre reçut de lui une lettre, datée de Saint-Étienne, qui paraissait assez gaie, et où il lui disait qu'il voulait voir les usines du Forez pour s'instruire de certains procédés, et tenter de se les approprier. Un autre jour il écrivit à Gaucher, et enfin à Tonine elle-même.

« Ma chère voisine, lui disait-il, permettez-moi de vous écrire pour vous présenter mes devoirs et vous recommander mon cher parrain, envers qui déjà vous avez été si bonne. Forcé de m'absenter pour un temps, et voulant me donner tout entier aux affaires, chose que je n'aurais jamais pu ni voulu exécuter, si vous n'étiez pas pour mon parrain une amie sans pareille, j'éprouve le plaisir de vous remercier pour tout le bien que vous lui avez fait ainsi qu'à moi, et désire que vous sachiez que je n'ai aucune rancune sur le cœur contre vous ni contre personne, souhaitant la conservation de votre estime, comme je vous prie de croire à celle de mon respect.

« Votre serviteur et ami,

« Étienne Lavoute, dit Sept-Épées. »

Tonine crut que celui qui avait pu écrire une pareille lettre avait le cœur tranquille et l'esprit plus que jamais rempli d'idées positives. Elle s'en réjouit avec Lise, sans pouvoir se sentir bien joyeuse au fond de l'âme. Elle n'en continua pas moins, pendant deux jours encore, à faire des projets et à se laisser complimenter sur son grand mariage par une foule d'amis à qui ses amis avaient confié la chose. Ses nombreux amoureux n'en étaient pas trop contents; mais de quel droit l'eussent-ils blâmée? elle n'avait jamais encouragé aucune espérance. On ne pouvait pas dire qu'elle manquât de modestie en recevant les félicitations, et on lui savait un gré infini de n'avoir pas voulu quitter la Ville Noire.

Cependant elle était à la veille du huitième jour,

du jour où elle devait rendre réponse à M. Anthime, et où elle lui avait permis de se rencontrer avec elle chez les Gaucher, sur les deux heures de l'après-midi ; mais voilà que la veille elle fut prise tout à coup d'un grand ennui, et que tous ses projets d'aisance et de gloire ne lui parurent plus rien. A force de songer à tout ce que ce mariage lui promettait d'agréable et d'honorable, elle en avait épuisé la douceur et la nouveauté.

— Ne me parle plus de la maison, ni du bassin, ni des camélias, dit-elle à Lise, à qui elle parut ce soir-là bien capricieuse. Je suis déjà lasse de la possession de tant de belles choses dont, à vrai dire, je n'ai pas grand besoin, et dont je me dégoûterai certainement très-vite, puisque ma cervelle en est déjà rassasiée par avance. Ce que je voudrais pouvoir souhaiter avec impatience, c'est d'aimer tendrement ce monsieur que je ne connais pas ; mais il n'y a pas à dire, Lise, je ne sens rien pour lui, et je suis obligée de me forcer pour reconnaître toutes ses belles qualités. Sais-tu que si cela continuait, je serais la plus malheureuse des femmes, et qu'il vaudrait mieux m'attacher à une meule et me jeter dans le Trou-d'Enfer?

Elle ne dormit guère cette nuit-là, et rêva qu'elle voyait Sept-Épées triste et malade; puis elle le vit mort, et eut si peur de ce cauchemar qu'elle se releva, ralluma sa lampe et relut la lettre qu'il lui avait écrite. Ses paroles exprimaient la tranquillité, presque le contentement; mais, à force de retourner ce papier, il lui sembla qu'on avait pleuré dessus et que l'adresse était tracée d'une main convulsive. Le soupçon de la vérité s'empara de son esprit, et dès le petit jour elle courut à la baraque.

Elle interrogea Sans-Peur, qui, malgré ses promesses de discrétion, ne sut pas résister à son ascendant et lui avoua que Sept-Épées était parti comme un homme qui fait plus qu'il ne peut, et qui est près de succomber au désespoir. Elle entra aussitôt dans le bureau de l'usine et écrivit à Sept-Épées:

« Mon cher voisin, pour répondre à l'honneur de votre estimable lettre, je vous dirai que votre parrain se porte bien, et que j'ai pour lui tous les soins qui dépendent de moi. Ce que j'en fais est par amitié pour vous autant que pour lui, car vous êtes deux personnes à qui l'on doit porter estime. Je souhaite que vos affaires aillent à votre contentement. Le mien est de rester comme je suis, car vous savez que je n'ai pas encore pris l'idée du mariage. J'ai le temps d'y penser, vous de même. Et en attendant, je suis votre amie et votre camarade pour la vie.

« Jeanne-Antoinette Gaucher. »

Elle cacheta, mit l'adresse et retourna à la ville, où elle commença par jeter sa lettre à la poste, afin de ne plus s'en dédire, et, soulagée comme d'un remords, elle attendit plus tranquillement l'entrevue avec M. Anthime.

XII

Sept-Épées ne reçut pas la lettre de Tonine. Il avait daté du lieu où il se trouvait celle qu'il lui avait écrite, et il était parti le lendemain, incertain de la route qu'il prendrait, n'ayant d'autre idée que celle de s'éloigner et de se faire oublier pendant quelque temps. D'ailleurs il ne comptait nullement sur une réponse, et il sentait que, pour garder son courage, il lui fallait ignorer ce qui pendant ce temps-là devait se passer à la Ville Noire.

Sa petite bourse ne pouvait le mener bien longtemps ; aussi songea-t-il bientôt à s'embaucher dans quelque fabrique pour gagner de quoi continuer son voyage, car il était décidé à aller loin et à mettre à profit pour son instruction cet exil volontaire. Il s'arrêta donc dans la première ville qu'il rencontra, y travailla quelques semaines, et repartit pour une autre grande ville, curieux d'étudier son état sur une plus vaste échelle qu'il n'avait encore pu le faire, et de s'y perfectionner par l'essai de diverses pratiques.

Ayant ainsi voyagé, essayé et observé pendant plusieurs mois, il reçut, un peu grâce au hasard, une lettre de Gaucher, qui lui donnait de bonnes nouvelles de son parrain et de sa fabrique. Le parrain se portait à merveille et la fabrique donnait de petits résultats bien soutenus dans la mesure d'une progression satisfaisante. D'après les chiffres, Sept-Épées reconnut que Va-sans-Peur faisait beaucoup mieux ses affaires qu'il n'avait su les faire lui-même, et ceci le confirma dans les réflexions qui s'étaient présentées à lui plus d'une fois déjà depuis qu'il était en voyage : à savoir que la petite propriété ne peut prospérer avec de petits moyens, sans beaucoup de ténacité, de résignation et de parcimonie. Les gens à imagination vive, toujours épris de la pensée du progrès rapide, ne s'avouent pas assez qu'avec peu on fait peu, et le découragement les gagne fatalement. Ardent et inquiet, concevant toujours le mieux, et toujours paralysé par le manque d'argent, Sept-Épées était beaucoup moins apte à régir ses minces intérêts que l'irréfléchi et obstiné Va-sans-Peur. Celui-ci poussait son sillon comme le bœuf qui fait sa tâche sans calculer celle du lendemain. Ne sachant pas lire, il n'écrivait rien, mais i se rappelait tout avec l'exactitude miraculeuse des cerveaux incultes qui ne comptent que sur eux-mêmes. Aucun tourment d'imagination ou d'amour-propre ne le détournait de son but. Bref, entre ses mains l'usine présentait un petit revenu net et à peu près sûr. En espérant doubler le capital en peu d'années, Sept-Épées avait compté sur ces miracles que l'orgueil caresse, mais qui ne se réalisent presque jamais par des moyens scrupuleux et prudents.

En voyant le cours des choses humaines et supputant les chances commerciales partout où il passait, l'armurier, désormais plus rassis et plus expérimenté, arrivait à se convaincre qu'il n'avait pas fait un mauvais placement de ses économies, mais qu'il n'achèterait jamais une maison peinte et un parc fleuri dans la ville haute, déception qui n'était pas nouvelle pour lui et qui ne le préoccupait plus par elle-même, mais qui s'enchaînait au repentir et au regret de n'avoir pas épousé Tonine. Il pensait avec amertume au bonheur de Gaucher, qui, vivant pour les objets de son ardente affection, avait si facilement oublié les tentations de la vie aisée et indépendante. Cette austère félicité qui lui avait paru une geôle humiliante se montrait maintenant à Sept-Épées comme un mirage évanoui au sein d'un désert. Gaucher, dans sa lettre, ne prononçait pas le nom de Tonine. Ainsi l'avait voulu celle-ci, qui, ne recevant pas de réponse de Sept-Épées et ne le voyant pas revenir, s'était naturellement persuadé qu'elle lui avait fait un sacrifice inutile et que la douleur s'était envolée au changement d'air. Sept-Épées avait donné, de temps en temps, en peu de mots, signe de vie aux autres, affectant toujours une grande tranquillité d'esprit et ne faisant aucune allusion, aucune question relative à Tonine. Il la croyait mariée et désirait n'en rien savoir. Le silence de Gaucher sur ce chapitre le confirma dans sa croyance. Gaucher lui disait bien qu'il avait dû recevoir d'autres lettres du pays : — Eh bien ! se répondait Sept-Épées, je ne les ai pas reçues, et c'est tant mieux pour moi ! Sans doute on m'y faisait le récit des noces et l'éloge de M. Anthime. Tout cela ne me regarde plus ; j'ai fait ce qu'il fallait pour ne pas empêcher le bonheur des autres : le mien ne gagnerait point à en connaître les détails.

Partout où il s'arrêtait, on le remarquait comme ouvrier de premier ordre et on désirait le fixer. Il n'était pas ouvrier spécial, c'est-à-dire qu'il n'était pas de ceux qui passent leur vie à faire une certaine pièce dans la perfection, sans être jamais capables d'en faire une différente. Dans un grand atelier, la fabrication ressemble à un chant où chacun ferait sa note à propos, sans jamais apprendre celle d'avant ou celle d'après. Les habiles savent tout faire, et peuvent passer d'un établi à l'autre avec autant d'adresse et de promptitude que si chaque article était l'objet exclusif de leurs études. Sept-Épées était de ceux-là, et quand il se vit à même de s'exercer dans la coutellerie fine, dans les armes blanches de luxe, il y trouva du plaisir. Il aimait ce qui est beau. L'occasion s'étant présentée d'étudier la ciselure et le damasquinage, son plaisir augmenta. C'était presque de l'art, et ce pouvait en être tout à fait, car il avait du goût et sentait l'invention lui venir.

— Mais à quoi bon apprendre tout cela? se disait-il dans ses moments de tristesse et de réflexion : je n'aurai jamais occasion de faire pour la Ville-Noire que de la grosse marchandise, du métier sans originalité et sans inspiration. Et quand je quitterais tout à fait mon pays pour m'établir dans ceux où l'on travaille mieux, n'y serai-je pas toujours poursuivi par l'idée de faire encore mieux, sans pouvoir la satisfaire?

Il étudiait aussi la mécanique, et se sentit d'abord fort humilié de voir les mille projets, les mille inventions dont il s'était creusé et nourri l'esprit, appliqués avec de grands perfectionnements dont il ne s'était point avisé. En tout et partout c'était la même chose. Ce que l'on ne faisait point à la Ville Noire avait sa raison de n'y être pas adopté : le manque de moyens, d'espace, de grands moteurs, de grands cours d'eau, de bras, de débouchés, de capitaux. Il est facile de voir ce qui serait mieux, mais il s'agit de pouvoir le faire ; toute la science de l'industrie est dans l'équilibre de ces deux termes. A quelques-uns le génie qui féconde largement les petits moyens, mais à une foule d'esprits inquiets l'ambition des vues mal combinées et des volontés sans puissance. Le premier se manifeste rarement et par exception ; les autres foisonnent et avortent.

Cependant Sept-Épées se consola en constatant la diffusion rapide des bonnes inventions et l'élan qu'elles donnent à une foule de modifications et de perfectionnements de détail que les circonstances locales inspirent aux praticiens intelligents. Si l'ambition de l'âme aspire à changer partout d'emblée la face des choses, il faut réussir ou devenir fou. Sept-Épées, qui avait eu les hallucinations de la jeunesse, devint plus froid et plus sage en voyant, dans les différents ateliers, beaucoup d'ouvriers capables et réfléchis qui amélioraient les procédés et tiraient parti du possible, sans se croire de grands hommes et sans aspirer à être portés en triomphe. Il reconnut que, dans une époque d'activité générale et d'instruction toujours croissante, les grands inventeurs devaient être toujours plus rares, et se devoir tellement les uns aux autres qu'il serait peut-être un jour bien difficile de préciser la propriété d'une découverte.

Toutes ces réflexions, aidées de la conversation de fabricants instruits et d'artisans habiles qu'il recherchait partout et qui se plaisaient à l'éclairer, lui rendirent enfin le calme et la modestie qui lui avaient manqué. Il cessa de mépriser les petits efforts et de se croire appelé à de hautes destinées. Il avait, comme Audebert, quoique dans un autre genre, subi la maladie du siècle. Il en guérit par la raison qu'il était jeune et clairvoyant.

Son amour malheureux lui fut aussi une assez bonne leçon. Une faute est quelquefois le salut d'une âme, quand la faute est réparable et quand l'âme est généreuse. Si ce jeune homme avait eu des torts envers Tonine, il les avait expiés bien plus longtemps qu'ils n'avaient duré, et sa conscience était en droit de ne plus lui faire trop de reproches.

Il avait été fort loin de son pays, à la frontière, jusqu'en Allemagne, se flattant toujours qu'une vie active et sérieuse dissiperait ses ennuis. Il se sentait fort et maître de sa volonté, mais c'était à la condition de ne pas rester en place. Dès qu'il commençait à nouer quelque relation agréable dans une ville, la vue du bonheur domestique lui faisait sentir le vide de son cœur, et il se livrait à quelque projet de mariage. L'occasion ne manquait pas. Dès qu'on voyait sa bonne conduite et ses talents, on ne lui demandait rien de plus, et sa petite propriété, dont il était à même de faire la preuve par les lettres de Gaucher, était un luxe pour un habile artisan comme lui ; mais au moment de répondre aux avances des familles, il se trouvait si effrayé qu'il avait hâte de partir. L'image de Tonine se plaçait entre lui et tous les objets nouveaux qui ne parlaient qu'à ses yeux. Elle avait jeté sur lui comme un charme, et peut-être en effet y en avait-il un particulier en elle.

Sept-Épées rencontrait en Allemagne des beautés plus épanouies, des cheveux d'or, des yeux de turquoise, des joues de roses, un limpide regard d'innocence, un banal sourire de bonté. C'était comme l'invitation au repos de l'âme, au parti pris de l'habitude, au néant de l'impassible sécurité. Son esprit était un instant touché de ces grâces confiantes et de ce sentimentalisme bien portant qui semblait l'attendre pour le chérir et le soigner ; mais il se disait vite que le bien-aimé paisiblement attendu n'était pas plus lui qu'un autre, et que s'il ne se chargeait pas du bonheur rêvé, un autre le réaliserait tout aussi bien que lui. Il revoyait alors la *princesse* de la Ville Noire avec sa pâleur pensive, son regard mystérieux, sa gaieté sans bruit, son dévouement sans affectation, sa sensibilité sans niaiserie, son esprit pénétrant, que rien ne pouvait tromper, et sa bonté forte, qui pardonnait tout. Tonine n'était pas une femme comme les autres, et en pensant à elle le jeune artisan se sentait monter au-dessus de sa sphère, tandis qu'il se sentait redescendre au-dessous dès qu'il cherchait à s'accommoder d'un autre amour.

Et puis il y a aussi une loi de la nature qui condamne à une ténacité singulière les amours non satisfaits. Cela est triste à dire, mais on oublie plus souvent la femme qui vous a donné du bonheur que celle qui vous en a refusé. Sept-Épées combattait bravement son orgueil, dont il avait reconnu les dangers; mais on se modifie, on ne se transforme pas, et il y avait en lui une blessure qui saignait toujours. Il s'en apercevait surtout au moment où il se piquait de l'oublier, et c'est alors que, renonçant à s'en guérir par une réaction de sa volonté, il reprenait son bâton de voyage en se disant : Laissons courir le temps ; mon mal passera plus tard, et peut-être sans que je m'en occupe.

Un jour, à une lettre de reproches de Gaucher, il répondit en avouant tout ce qu'il avait souffert, tout ce qu'il avait senti, tout ce qu'il avait modifié et corrigé dans son âme. Il ne nomma pas Tonine, mais son secret était facile à deviner. Sa lettre était digne, sincère et affectueuse. Il la finissait en disant : « Il faut que tu me pardonnes, mon brave camarade, d'avoir tant tardé à t'ouvrir mon cœur. J'attendais toujours le calme, qui n'est pas encore bien venu, mais qui n'est plus aussi absent que par le passé. J'ai des jours où je suis presque content d'avoir été chercher au loin l'instruction que je ne pouvais pas deviner à moi tout seul. Une chose me rendrait peut-être tout à fait tranquille, ce serait de savoir si la personne à laquelle j'ai trop pensé est heureuse dans son mariage comme elle le mérite. Si je ne t'ai point fait jusqu'ici de questions sur elle, et si je ne t'en fais pas encore, ce n'est pas que je l'aie oubliée, c'est peut-être le contraire ; mais un temps viendra, il faut l'espérer, où je pourrai entendre parler d'elle sans avoir la bêtise de pleurer.

« Je t'écris d'une très-belle campagne où je suis pour quelque temps et où tu peux me répondre. Je te dirai même que, pour la dixième fois au moins, j'ai quelque idée de mariage ici ; mais je n'espère guère mieux de moi pour cela que les autres fois. Le cœur ne peut pas se réveiller. N'importe, il est toujours chaud pour toi, pour ta Lise et tes enfants, qui doivent être bien beaux. Je te remercie d'avoir donné mon nom au troisième. C'est une preuve que vous pensez à moi. Puisse-t-il ne jamais souffrir comme j'ai souffert, ce pauvre petit, qui sera un homme ! Si j'ai jamais le bonheur de l'embrasser, je saurai lui dire qu'il n'y a de bonheur que dans l'amour et l'amitié, et que tout ce qu'on cherche ailleurs de contentement ne vaut pas la peine qu'on se donne pour courir après. »

La campagne où se trouvait alors Sept-Épées était le domaine d'une assez riche veuve de fermier, plus âgée que lui de deux ou trois ans, mais agréable, et d'un type brun et pâle qui lui rappelait vaguement celui de Tonine. Cette fois-ci, il tenta réellement de s'attacher, non pas tant à cause de la femme, qui ne lui plaisait que par réflexion et comme à travers le souvenir d'une autre, mais à cause de la poésie d'un pays magnifique et dans l'espoir d'une vie paisible et utilement laborieuse.

Il était entré par hasard chez cette veuve. Elle l'avait distingué du premier coup d'œil, et avait su le retenir en lui demandant ses conseils pour la réparation d'une machine agricole qu'il s'amusa à perfectionner en la simplifiant. Depuis plus d'un mois, il était chez elle, sans lui rien dire qui pût l'engager, mais sans pouvoir se refuser à comprendre que la dame ne lui aurait refusé ni sa main ni son cœur. Elle parlait assez bien le français, et Sept-Épées avait appris un peu d'allemand. Il était assis un jour sous de magnifiques tilleuls, à quelque distance de la maison, pendant que la veuve passait en revue, à l'entrée de sa cour, le riche bétail de son petit domaine. De près, elle n'était pas laide ; de loin, elle était belle à cause de sa taille bien prise et de ses allures dégagées. Les vaches grasses et les lourdes brebis qui l'entouraient, la maison blanche enfoncée dans les masses du verger fleuri, les grands herbages et les vertes moissons de la plaine unie comme une mer, l'horizon fin et vaporeux, formaient un tableau plein d'harmonie, de douceur et de sereine majesté.

La brise printanière courbait légèrement les jeunes épis et apportait les parfums du foin nouveau.

« Le bonheur est ici, se dit le jeune exilé. Il n'y est peut-être pas pour moi, mais il y est pour qui serait sage et patient. Sans doute, dans cette vie lente et uniforme de la terre, le cœur d'un homme actif étoufferait bien quelquefois celui qui le porte. Cette nature qui fait son œuvre à pas comptés, jour par jour, heure par heure, et qui n'obéit à l'homme qu'avec une régularité imposante, c'est comme une loi sourde et aveugle qui se rit de nos fièvres d'activité. C'est aussi un joug qui vous retient encore mieux que le bœuf attaché à la charrue, car il ne faut pas quitter la terre quand on s'est marié avec elle. C'est un atelier de travail qu'on ne transporte pas et qu'il faut toujours défendre, non pas seulement contre le voisin, mais contre les oiseaux du ciel et les insectes cachés dans l'herbe. C'est un bagne avec des chaînes de fleurs, un souci solennel, silencieux et sans trêve.

« Mais aussi quelle grandeur dans la durée des choses de la campagne! Comme les plus ingénieuses productions de l'artiste et de l'artisan sont peu de chose au prix de la majesté d'un vieux chêne! Comme le ciel est vaste sur ces plaines sans accident et sans fin! Et quelle musique discrète et pénétrante dans ces feuillages que l'air d'un beau jour caresse avec respect! Est-ce qu'ici les fumées de l'orgueil et les inquiétudes de l'âme ne doivent pas s'engourdir peu à peu sans qu'il soit même nécessaire de les combattre? Est-ce qu'il n'y a pas un charme plus puissant que toutes nos imaginations dans ce repos apparent qui cache le mystérieux travail de la terre?

« Oui, ici on doit devenir sinon meilleur, du moins plus digne et plus austère. Les vaines sensibilités, les poignantes aspirations doivent s'émousser et faire place à une espèce de fatalisme robuste. La vie de fer et de feu de l'industriel est un délire, une gageure contre le ciel, un continuel emportement contre la nature et contre soi-même. Celle du paysan est une soumission prolongée, demi-prière et demi-sommeil. Le mépris des tourments et des joies qui nous consument est écrit sur sa figure, qui ne sait ni rire ni pleurer. Il contemple et il médite. Il attend toujours quelque chose qui, un peu plus tôt, un peu plus tard, doit venir à coup sûr, pluie ou soleil, ombre ou lumière; tandis que l'artisan, enfoui dans les mines ou courbé dans l'atelier sombre, a toujours l'esprit et les yeux tournés vers un seul point, l'agriculteur regarde en haut ce qui, des rayons ou des nuages, doit venir donner la dernière et souveraine façon à son œuvre. Tous deux ont arrosé leur tâche des sueurs de leur front; mais l'artisan n'a façonné qu'un instrument destiné à s'user et à disparaître, une chose fragile qu'il ne reverra jamais, dont il ne connaîtra ni le destin ni la durée : le paysan a fécondé quelque chose d'éternel qui sommeillait, et qui recommence à vivre en sortant de ses mains, quelque chose d'actif et d'inépuisable qui doit fleurir et fructifier sous ses yeux. »

Ainsi rêvait le jeune homme, se traduisant à lui-même ses propres pensées sous une forme qui n'avait pas besoin de mots pour en peindre les vives images. Il avait oublié la veuve, mais il se sentait devenir amoureux de la campagne. Il se rappelait ses premiers ans, sa pauvre vallée pierreuse, les chèvres aux flancs creux pendues aux buissons, sa misère, ses pieds nus et son ignorance du mieux, si pleine de douceurs et d'incurie. « Pourquoi ne suis-je pas resté ainsi? se disait-il : je n'aurais certes pas tant souffert! Tout ce que j'ai acquis m'a rendu avide de ce que je ne pouvais pas acquérir. Et à présent, si je pouvais oublier ce que j'ai vécu et me contenter du travail sans ardeur, de l'amitié sans amour, de l'avenir sans imprévu, je redeviendrais calme sous ce grand ciel pur et sur cette terre bénie. Je me ferais encore des joies d'enfant de la plus simple chose : la naissance d'un agneau sur ma paille, le chant d'une poule dans ma cour, la course d'un lièvre dans mon champ, seraient des événements dans ma vie, et qui sait si je n'arriverais pas un jour à me pâmer d'aise et à me gonfler d'orgueil en voyant engraisser un bœuf dans mon étable? »

Sept-Épées en était là de son rêve, renouvelant à son insu la fable de la laitière et du pot au lait, lorsqu'un porteur de lettres qui parcourait la plaine, allant d'une ferme à l'autre, lui remit une lettre de la Ville Noire, sur laquelle, malgré son timbre de départ fort arriéré, on lisait, comme une ironie de la destinée des absents : *faire tenir sans retard ; très-pressé.*

XIII

La lettre était de Lise Gaucher, elle avait couru : l'adresse était mal mise.

« Mon cher ami, disait-elle, si votre cœur n'a pas trop changé, il n'est que temps pour vous de revenir au pays. Votre parrain va bien et nous de même ; mais la pauvre Tonine, malade depuis longtemps, n'est pas encore en état de travailler, et se trouve si endettée par les frais de sa maladie qu'il lui faudrait faire des miracles pour en sortir. Sans nos amitiés, qui ne l'abandonneront jamais, la misère serait chez elle ; mais elle souffre tant de l'idée que nous nous privons pour l'aider, que nous avons peur de la voir mourir pour vouloir faire plus qu'elle ne pourra, ou pour le tourment qu'elle donnera à ses esprits. Nous avons pensé à vous, qui avez quelque chose et qui êtes sans famille. Peut-être, en venant ici, sauriez-vous décider cette pauvre amie à accepter vos soins, vos secours et votre amitié, qu'elle n'a pas cessé de mériter. »

Tonine n'était donc pas mariée ! La joie fut le premier sentiment qui domina l'émotion de Sept-Épées. Il s'arrêta peu à l'inquiétude. Tonine n'était pas perdue, puisqu'on l'appelait à son aide ; on n'a pas tant de prévisions pour ceux qui vont mourir ; d'ailleurs l'amour fait des miracles, et Sept-Épées sentit qu'il aimait Tonine plus que jamais.

En un instant disparurent les fantômes de son

bonheur champêtre. Il regarda autour de lui comme au sortir d'un sommeil profond ; il trouva la plaine plate et stupide, la maison prétentieuse, les animaux malpropres, la veuve sans jeunesse et sans charme. Et comme cette pauvre femme effrayée lui demandait s'il était vraiment décidé à la quitter : — Eh oui ! lui dit-il brusquement, vous ai-je promis de rester, moi, et ne vous ai-je pas dit que j'étais marié dans mon pays ? Ma femme est malade, adieu ! J'ai travaillé pour vous avec plaisir... Gardez votre argent, je ne veux rien d'ici. — Et il s'enfuit, léger comme l'oiseau qui émigre au printemps. Dès qu'il vit une voiture publique, il s'y jeta, de là dans un convoi de chemin de fer, et puis enfin, au bout de cinq jours de voyage aussi rapide que possible, il se vit à pied sur le haut du chemin de montagne, au-dessus des abimes qui s'entr'ouvrent pour recevoir dans leurs flancs abrupts les constructions entassées et les machines bruyantes de la Ville Noire.

Il avait encore près d'une lieue à descendre pour y arriver. Il marchait si vite que ses pas laissaient à peine leur trace sur le sable du chemin, et pourtant son cœur l'étouffait. Comme tout lui paraissait noble et beau dans son Val-d'Enfer! Elles étaient loin, les grandes prairies mornes et les grasses étables de la veuve allemande! Ces rocs dentelés en scie où planaient les vautours, ces eaux violentes se frayant un passage dans les granits déchirés, ces bois sombres battus du vent sur les hauteurs, et ces étroites oasis où un rayon de soleil enfermé dans de hautes murailles naturelles fécondait un coin de verdure sauvage et quelques aunes à moitié déracinés par les pluies, tout cela formait un spectacle sublime et délicieux pour celui que l'amour et l'espérance ramenaient au pays.

Il arriva au-dessus de sa baraque, et se pencha pour la regarder. Il ne comptait pas y descendre, étant bien plus pressé de revoir ses amis que son bien, et sachant qu'un peu au delà, le sentier, moins étroit et moins difficile, qui longeait le torrent, serait meilleur à prendre pour aller vite. Pourtant, comme la baraque était en partie visible d'un certain angle de la haute route, il pouvait bien lui accorder un coup d'œil sans s'arrêter; mais soit que dans son trouble il eût dépassé le bon endroit, soit que les pins qui montaient des contre-forts escarpés de la route eussent grandi en son absence au point de cacher tout le revers de la gorge, il ne vit pas le toit de sa fabrique, et continua à descendre jusqu'à l'angle d'un petit bois d'où il était certain de la découvrir tout entière lorsqu'il quitterait la route pour le sentier de la Ville Noire.

Quand il fut là, force lui fut de s'arrêter, tant la surprise le saisit, et un moment il se crut halluciné. Il ne reconnaissait plus l'endroit, il le cherchait en vain dans ses souvenirs. Le coude de la rivière avait disparu, et, au lieu de suivre une pente oblique et rapide, l'eau tombait en une nappe droite dont le mugissement avait quelque chose de triomphant et d'implacable. Le flanc du rocher, autrefois hérissé de roches menaçantes, présentait une coupure verticale qui semblait toute fraîche; à la place où devait être l'usine avec son écluse et son petit pont rustique, on voyait s'élever une masse hideuse de blocs fendus et fracassés, semée d'arbres brisés et encore verts. Sous cette masse récemment écroulée, la baraque ensevelie n'avait pas laissé plus de traces que si elle n'eût jamais existé.

Le premier mouvement de Sept-Épées, quand il ne lui fut plus possible de douter de son désastre, fut digne de la noble humanité : — Ah! mon pauvre Va-sans-Peur, s'écria-t-il en tendant les bras involontairement vers cet affreux spectacle, ô mes bons ouvriers, ô mes pauvres apprentis, êtes-vous à jamais ensevelis là-dessous?

— Non, grâce à Dieu! lui répondit une voix rude, en même temps que Va-sans-Peur se présentait devant lui sur le sentier : nous avons été avertis par un grand bruit de craquement et une abominable fente qui se sont faits deux heures d'avance ; nous avons eu le temps de déménager tout ce qui pouvait être emporté. Cela s'est passé il y a environ trois semaines, et je pensais qu'on te l'avait écrit ; mais, dans le doute, je suis venu au-devant de toi tous les jours pour t'épargner une mauvaise surprise, et te dire qu'au moins il n'y a personne de mort.

— Alors Dieu soit loué! répondit Sept-Épées en embrassant son maître ouvrier, et si vous avez sauvé les outils, c'est de quoi recommencer mon ancienne vie : je rapporte mes deux bras, et rien n'est perdu.

— Si fait, tout est perdu, car les outils, c'est de la peine à prendre, et la bâtisse, c'était de l'argent gagné; mais que veux-tu? le père Audebert l'avait bien dit, dans le temps, que c'était un endroit maudit, et que le diable s'y était embusqué.

— Mon cher ami, répondit Sept-Épées, le diable qui s'était embusqué là, c'est l'amour du gain qui pousse les ambitieux jusque dans des précipices où la terre manque sous leurs pieds. Si j'avais su autrefois ce que je sais aujourd'hui, je n'aurais pas mis mes espérances en butte à tout ce qui, d'un moment à l'autre, pouvait les détruire. Après tout, je ne dois pas trop regretter une expérience qui m'a rendu plus sage, qui a eu au moins un bon résultat, celui d'empêcher Audebert d'aller en prison, ou de mendier sur les chemins, déshonoré et repoussé comme banqueroutier. Le dommage tombe sur moi qui suis jeune et qui peux encore me relever sans faire de tort à personne. Nous n'avons pas de dettes, n'est-ce pas?

— Au contraire, nous avons des profits. Hélas! nous marchions bien ; mais après tout ce sera peut-être plus heureux pour toi d'entrer au nouvel atelier qui s'est établi dans la ville. Moi, j'y ai déjà trouvé de l'occupation, et toi, avec les talents que tu as, je suis bien sûr qu'on va te rechercher pour t'y donner une belle place. Sans doute, dans les lettres qu'on t'écrivait pour te faire revenir, on t'a parlé de cela?

— Non, il y a quelque chose qui m'intéressait davantage, et dont tu vas me parler, toi!

Sept-Épées allait demander des nouvelles de Tonine, tout en continuant à marcher vite avec Va-sans-Peur, lorsqu'il s'arrêta de nouveau, frappé d'un spectacle fort étrange. C'était un vieillard complétement chauve qui venait au-devant d'eux avec une couronne de lauriers sur la tête et une douzaine d'enfants qui le suivaient en dansant ; lui, chantait d'une voix cassée, frappant dans ses mains et les animant du geste, d'un air à la fois sérieux et enjoué.

— Qu'est-ce que cela? dit Sept-Épées avec effroi.

Dieu me pardonne! n'est-ce pas Audebert qui est devenu fou?

— Eh bien! oui, répondit Va-sans-Peur : on n'a pas voulu te l'écrire ; mais il y a déjà quelque temps que la tête a déménagé tout à fait. C'est la faute de ces fainéants de la ville haute, que ton parrain a bien raison de mépriser! Ils ont été jaloux de ce qu'il y avait à la Ville Noire un chansonnier plus fort que tous leurs messieurs, et ils ont voulu s'en faire honneur auprès des étrangers. Ils l'ont invité à je ne sais quelle farce qu'ils appellent une société académique. Ils lui ont donné un banquet, ils lui ont flanqué des lauriers sur la tête, et tant d'honneurs, et tant de compliments, et tant de bêtises, qu'ils nous l'ont renvoyé comme le voilà. On a cru qu'il s'était enivré et que ce serait passé le lendemain ; mais point. Voilà trois mois qu'il ne fait plus rien que courir les rues et les chemins avec sa couronne, et un tas de galopins à ses trousses.

— Pauvre Audebert! dit Sept-Épées, les yeux pleins de larmes. Cela devait finir ainsi. Allons! je ne suis donc revenu ici que pour voir tout en ruines! Et il alla au-devant du vieux poëte, qui venait lentement, s'arrêtant à chaque pas pour déclamer ou faire réciter des vers à son cortége d'enfants, donnant sa couronne tantôt à l'un, tantôt à l'autre, puis la reprenant et l'élevant en l'air avec des gestes d'invocation enthousiaste.

Va-sans-Peur, voyant que Sept-Épées pleurait, lui dit : « Il ne faut pourtant pas trop te désoler de ce que tu vois! Jamais le vieux ne s'est si bien porté, jamais peut-être il ne s'est trouvé si heureux. Auparavant, il avait des jours de colère, des semaines de chagrin, des mois entiers où il ne travaillait pas, et où ses amis, tantôt l'un, tantôt l'autre, prenaient soin de lui. A présent, comme il ne travaille plus du tout et qu'on est bien sûr que ce n'est pas sa faute, c'est tout le monde qui en prend grand soin. Il faut le dire à l'honneur de la ville basse : il entre partout, et partout pauvres ou riches lui donnent à boire et à manger ce qu'ils ont de mieux. Aussi tu peux voir qu'il est plus frais et moins maigre que tu ne l'as jamais vu. Il ne faut pas non plus croire qu'il soit méprisé ni qu'il ennuie le monde. Il a toujours de l'esprit plus gros que lui, et, comme il n'a plus de soucis, il ne dit plus que des choses agréables. Il cause très-raisonnablement des heures entières, et les étrangers qui viennent le voir s'en vont en disant qu'il n'a rien de dérangé dans le cerveau, sauf une petite chose qui est de croire qu'il est un ancien particulier qu'on appelait Pindare dans les temps. Cela ne fait de mal à personne, et tout le monde s'est donné le mot pour ne pas le contrarier là-dessus. Il est toujours très-brave homme, très-humain, et il n'y a pas longtemps, dans une maison qui brûlait, il est entré à travers les flammes, en disant que *les dieux* devaient le protéger. Le fait est qu'on dit qu'il y en a un pour les amoureux, un pour les ivrognes et un pour les fous, ce qui ferait trois : tant il y a qu'Audebert a passé dans le feu sans se brûler, et il a sauvé un enfant qui s'est trouvé n'avoir pas plus de mal que lui. Tiens, c'est celui-là, ce petit blond qui lui tient toujours la main. Il y a des gens qui ont voulu faire de ça un miracle, et pour ces gens-là Audebert est plutôt un saint qu'un maniaque. Ce qu'il y a de sûr, c'est que le pauvre cher homme a toujours eu et aura toujours un grand bon cœur, et que tout un chacun se fait un devoir de le protéger. Ces enfants que tu vois sauter autour de lui, c'est ses petits gardes du corps. Leurs parents leur ont bien recommandé de ne pas lui laisser attraper de mal, et s'il y en avait un assez mauvais sujet pour l'insulter et se moquer de lui, tu le verrais chassé et battu par les autres. Aujourd'hui c'est ceux-ci, demain ce sera d'autres; on les envoie là autour de lui comme à l'école. Le vieux ne leur apprend jamais de sottises: bien au contraire, il leur enseigne de temps en temps d'assez jolies choses; mais le voilà qui t'a vu, et il te reconnaît, car il arrive les bras ouverts. Appelle-le Pindare, et tout ira bien! »

Sept-Épées attendri serra le vieux poëte sur son cœur, et reconnut bientôt que Va-sans-Peur ne l'avait pas trompé : Audebert était heureux. Il pensait que le monde lui avait enfin rendu justice, et depuis qu'il se rêvait au comble de la gloire, il était modeste et parlait fort peu de lui. Il signait Pindare et portait des lauriers; c'était là toute sa folie, et il la devait peut-être à une mauvaise pièce de vers qui lui avait été adressée au fameux banquet, pièce dans laquelle on l'avait comparé au poëte de l'antiquité. Cette erreur entraînait logiquement chez lui celle de ne pouvoir se persuader que Pindare, revenu sur la terre, pût s'astreindre au métier de coutelier. Il trouvait donc fort simple que les populations fussent empressées de lui offrir la table et l'hospitalité, et il n'y mettait pas d'indiscrétion, car il était resté fort sobre, et sa clientèle était assez nombreuse pour qu'il pût, durant tous les jours de l'année, entrer chez un hôte nouveau sans l'importuner.

Il causa un instant avec Sept-Épées de la manière la plus cordiale, toujours un peu vague, mais enjouée, et sans paraître étranger à aucun des événements de la réalité. — Tu as perdu ta fabrique, lui dit-il. La montagne a voulu se venger de nos défis. Je vois que tu prends cela avec courage et sagesse, et tu as bien raison. Le bonheur n'est pas dans un tas de pierres, et, pas plus que moi, tu n'étais destiné à être l'esclave d'une machine. La joie t'attend au véritable logis : celui de l'amour et de l'amitié ;

c'est pourquoi je te quitte, car tu dois être pressé de revoir ce que tu aimes!

Là-dessus il embrassa encore Sept-Épées, et continua sa promenade avec les enfants, qui se remirent à l'escorter, fiers de montrer au voyageur le soin qu'ils avaient de lui.

— Dépêchons-nous, dit Sept-Épées à son compagnon, il me tarde bien d'arriver! et pourtant je me demande si je ne devrais pas t'envoyer en avant pour prévenir nos amis. Je crains que Tonine...

— Bah! bah! Tonine! répondit Va-sans-Peur en levant les épaules; est-ce que tu y penses toujours? Voilà qui ne serait pas raisonnable par exemple!

— Que veux-tu dire? s'écria Sept-Épées; ah! oui, je comprends! tu penses qu'elle est pauvre, malade, endettée, et que, ruiné comme me voilà, je reviens pour épouser la misère? Tu te trompes, mon camarade! Il n'y a pas de misère pour celui qui a du courage et un peu de talent, et rien n'est impossible d'ailleurs à celui qui aime.

— Tu me dis là des choses auxquelles je ne comprends rien du tout, reprit Va-sans-Peur. Il faut bien que tu ne saches pas... Mais voilà la Lise qui vient aussi à ta rencontre, et qui saura ce que tu as dans la tête; c'est peut-être des affaires qui ne me regardent pas, je vous laisse causer ensemble.

Lise arrivait en effet avec ses trois enfants, car il y en avait un troisième, encore plus beau que les deux premiers. Rosette avait grandi de toute la tête; elle était toujours propre comme du temps où Tonine peignait ses cheveux blonds et plissait sa collerette blanche. Lise elle-même avait une mise assez soignée et semblait avoir rajeuni.

— Allons! lui dit le voyageur en l'embrassant, de votre côté au moins tout va bien, et c'est une consolation pour moi! Cela me fait aussi espérer que je vais trouver Tonine...

— Tonine va mieux depuis qu'elle espère ton retour. Elle est même assez forte pour avoir essayé de sortir aujourd'hui dans une carriole qu'on lui a prêtée. Tu ne la verras que dans une ou deux heures.

— Comment? elle a été se promener, et elle n'a pas pris la route par laquelle je devais venir?

— Et qui savait par quelle route tu reviendrais?

Et puis, à force de t'attendre, on ne savait plus que penser! Enfin tu ne la trouveras pas chez elle tout de suite, et nous pouvons causer un peu ici, car je t'avoue que je suis lasse de porter ce gros marmot dans la montagne.

Et Lise s'assit sur l'herbe avec son enfant sur ses genoux.

— Vous m'inquiétez beaucoup, Lise, reprit Sept-Épées. Tonine est plus malade ou terriblement changée, et vous voulez me préparer à la voir.

— Si Tonine était plus malade, tu ne me verrais pas ici, reprit Lise. Quant à être bien changée... si cela était, mon cher ami, si elle était enlaidie, si elle avait perdu ses beaux cheveux, si elle était vieille avant l'âge et un peu infirme, qu'est-ce que tu en dirais, voyons?

XIV

Sept-Épées n'avait pas encore songé à l'éventualité que Lise lui mettait sous les yeux. Il devint pâle, mais sa volonté ne faiblit pas. — Lise, répondit-il, je ne vous cacherai pas que jusqu'à ce jour, quelque chose que j'aie pu tenter pour m'en distraire, j'ai été amoureux de Tonine, oui, amoureux comme un fou par moments, et dans d'autres moments amoureux avec toute ma raison, car je me rappelais sa bonté et son esprit, que je ne pouvais retrouver dans aucune autre femme. Je ne pense donc pas que le souvenir de sa figure fût la plus grande cause de mes regrets, et je ne peux pas vous dire le chagrin que pourra me causer le changement de cette figure qui me plaisait tant ; je ne le sais pas moi-même. Si Tonine est infirme, peut-être aussi que son caractère va être changé ; mais tout cela, voyez-vous, ne me fera pas reculer. J'étais revenu pour lui offrir le petit bien que je croyais avoir. Je ne l'ai plus, il me reste la force et l'envie de travailler, et quand je devrais mourir à la peine, je veux que Tonine ne souffre de rien et me doive tout. Voilà mon idée, Lise, et je n'en changerai pas. Vous pouvez donc tout me dire.

— Eh bien ! tranquillisez-vous, reprit Lise en lui

tendant la main. Tonine n'est ni infirme ni défigurée. Je voulais savoir si votre amitié était au-dessus de tout, et je vois que vous méritez la sienne. A présent nous pouvons aller la trouver. Portez-moi un peu mon gros garçon, nous irons plus vite.

Lise marcha devant, mais, au lieu de s'engager dans le dédale des ruelles tortueuses de la Ville Noire, elle prit sur sa gauche un beau chemin neuf taillé dans le roc.

— Voilà un ouvrage nouveau qui fait grand bien aux transports de nos denrées, dit le voyageur.

— Et qui fait grand plaisir aux pères et mères de nos petits enfants. Nous ne craignons plus de les voir écraser par les chariots sous ces arcades où les moyeux touchaient les bornes. On peut laver et balayer le seuil des maisons ; la santé y gagne.

— C'est vrai que je trouve aux abords de la ville un air de dimanche, quoique nous soyons sur la semaine ; mais, par le chemin que vous me faites prendre, nous n'allons pas du côté de nos logis, et, avant de regarder les embellissements, je voudrais embrasser mon monde !

— C'est bien pour cela que je te mène comme je fais, compagnon ! Tu ne trouverais ni ton parrain, ni Gaucher du côté de la maison. Ils ne travaillent plus à l'atelier Trottin, mais à la Barre-Molino, à la grande fabrique.

— Voilà qui m'étonne qu'ils aient quitté un assez bon patron pour un maître dur et pas toujours juste !

— L'intendant de Molino ? Bah ! il n'y est plus depuis que Molino est mort.

— Je ne savais pas tout cela ! Ses héritiers sont donc un peu plus gentils que lui ?

— Il n'a qu'une héritière, la demoiselle, comme on dit à présent. Tu ne la connais pas ?

— Ma foi non ! quelque fille naturelle ? il n'avait pas de famille ici ?

— N'importe ; celle-là, vois-tu, est bien différente de lui : elle est comme Tonine absolument, elle ne pense qu'à l'avantage et au soulagement des autres. C'est elle qui a fait, en un tour de main, achever cette route où nous voilà, ce qui a désencombré et assaini la ville basse. Tu ne reconnaîtras pas non plus la Barre-Molino. C'est à présent un atelier-modèle qui rapporte gros, et dont tous les profits sont employés à donner l'apprentissage et l'éducation gratis aux enfants de la Ville Noire, des soins aux malades, des lectures et des cours aux ouvriers, des secours et des avances à ceux qui ont eu des accidents. Tu verras là des bains, des gymnases, des salles d'étude, et tu ne seras pas embarrassé pour y gagner ta vie, soit comme ouvrier, soit comme professeur, soit comme surveillant.

— C'est bien, tout cela, Lise! Il était bien temps que la Ville Noire eût, comme d'autres villes où j'ai passé, son ami et son bienfaiteur. Sans doute elle est très-riche, cette demoiselle, puisqu'elle sacrifie une partie de son revenu à nous faire du bien?

— Elle n'est pas bien riche, elle n'a hérité que de la fabrique et d'une somme d'argent qu'elle a employée tout de suite à faire faire ce chemin et à fonder l'atelier-modèle. Elle vit de peu pour son compte, presque aussi simplement qu'une ouvrière à son aise. Tu la verras! Ton parrain, qui en est très-considéré, ainsi que mon mari et moi, nous te présenterons à elle pas plus tard qu'aujourd'hui, et dès demain tu pourras travailler pour Tonine.

— Oui, j'en remercie Dieu et vous autres... Mais Tonine? je croyais que vous m'aviez trompé, que je pourrais la voir tout de suite. Elle ne travaille pas à la coutellerie, je pense? et nous voilà juste au-dessus de la maison de la Laurentis.

— Elle n'y demeure plus, répondit la Lise, et pourtant... il se pourrait qu'elle y fût, car on n'a pas loué sa petite chambre, et elle y revient quelquefois.

— Et elle y est, j'en suis sûr! s'écria Sept-Épées en rendant le poupon à sa mère, car la fenêtre est ouverte! Et, s'élançant comme une flèche sur le talus du chemin neuf, en deux sauts et trois enjambées, il arriva au niveau de la terrasse de Tonine, dont il franchit aisément la petite balustrade de briques chargée de clématites sauvages.

Tonine était là en effet, elle l'avait entendu accourir, elle s'élança dans ses bras, et tous deux furent si contents de se revoir que les larmes coupèrent les premières paroles. Puis ils se regardèrent avec ravissement. Sept-Épées était plus que jamais le plus joli homme de la Ville Noire. Sa figure avait pris un caractère plus mâle, et cependant elle était plus douce. Elle exprimait la force qui se connaît et qui se domine elle-même. Il avait aussi l'œil plus intelligent qu'autrefois. On sentait que cet œil-là avait vu beaucoup de choses que le cerveau avait comprises, et qu'il avait des larmes qui venaient de l'âme encore plus que de la sensation.

Quant à Tonine, elle n'avait jamais été précisément belle avant le départ de Sept-Épées, et elle l'était maintenant. Elle avait perdu sa pâleur, et les contours de ses joues et de sa personne avaient pris un peu plus de rondeur sans perdre de leur finesse. Elle était habillée à peu près comme autrefois. Cependant une jupe plus ample, des cheveux plus bouffants, quelque chose qu'on ne pouvait pas préciser, mais qui se sentait dans tout, lui donnait plus que jamais son air de princesse.

— On t'a trompé, mon ami, dit-elle à Sept-Épées, je n'ai jamais été malade ni dans la misère. C'est Lise qui a inventé tout cela pour te faire revenir, et je ne l'en ai pas empêchée. Me pardonnes-tu ?

— Ah! Tonine, je t'en remercie! Tu n'as pas douté de mon retour; mais pourquoi donc, mon Dieu, ne m'avoir pas fait revenir plus tôt?

— Et toi, pourquoi n'es-tu pas revenu quand je t'ai écrit que je n'épouserais pas le docteur Anthime?

— Tu m'as écrit cela, Tonine?

— Oui, trois jours après ton départ, c'est-à-dire aussitôt que je t'ai su parti.

— Et moi, je n'ai pas reçu la lettre! Ah! malheureux que je suis! Avoir tant souffert, t'avoir perdue si longtemps, quand je pouvais être heureux tout de suite!

— Ne regrette rien, je ne t'aurais pas épousé tout de suite, et peut-être, qui sait? je n'aurais pas repris confiance en toi de si tôt. Nous ne nous comprenions pas, vois-tu, dans ce moment-là, nous ne pouvions pas nous comprendre. Tu avais trop de choses dans la tête, et moi je ne voyais pas bien clair non plus dans la mienne. J'avais aussi mes jours d'ambition; j'aurais voulu être à même de faire beaucoup de bien, et ton dépit ne me semblait pas de la véritable amitié. Je me confesse à toi, Sept-Épées.

Pendant quelques jours, croyant que tu songeais à Clarisse, j'ai songé à un autre, mais sans pouvoir l'aimer. Et quand j'ai connu ton chagrin, tout a été fini. J'ai remercié ce jeune homme, je lui ai dit que je t'aimais toujours, malgré moi, mais que je t'aimais, toi, et non pas lui! Nous nous sommes quittés en nous serrant la main. Depuis ce temps-là, j'ai bien cru que tu m'avais oubliée tout à fait, et je ne voulais plus penser à toi; mais je n'ai jamais pu en regarder un autre. J'avais beaucoup d'ennui et de tristesse sans le faire paraître; mais il m'est survenu de grandes occupations que je te raconterai un peu plus tard, et je ne pensais plus avoir jamais le temps de me marier, lorsque dernièrement Gaucher m'a montré ta lettre, où j'ai vu que tu m'aimais toujours, et que la raison t'était venue avec l'expérience. Et puis l'accident de ta baraque m'a décidée tout à fait à m'ouvrir à Lise et à lui faire connaître que je souhaitais ton retour. Elle a arrangé cela à sa fantaisie, et tu vois que tout est pour le mieux, puisque l'idée du mariage t'était venue, et que tu étais las des voyages.

— Et nous nous marions, n'est-ce pas, Tonine? Nous nous marions tout de suite! Je suis ruiné, et toi, qui n'as point eu de malheurs, tu n'as plus besoin de moi, tu pourrais même trouver mieux; mais tu es si bonne et si fidèle que c'est justement ma pauvreté qui te décide! Oh! cette fois-ci je te jure que si je ne suis pas bientôt ton mari, je deviendrai fou et peut-être méchant!

— Alors dépêchons-nous de nous engager par serment. Tu l'entends! dit-elle à Lise, qui avait fait un détour avec ses enfants pour les rejoindre, et qui arrivait tout essoufflée : il me jure son honneur et sa foi que nous serons l'un à l'autre, que qui s'en dédira ne sera plus digne de manger du pain! A présent, courons embrasser ce vieux parrain et ce brave Gaucher, qui ne s'attendent guère à ce que nous allons leur dire. Donne-moi ton dernier garçon, Lise, car tu es lasse. Sept-Épées portera l'autre, pour qu'il ne s'amuse pas en route, et Rosette ira aussi vite que nous.

Là-dessus, les deux amants prirent les deux enfants, échangeant un regard involontaire, car tous deux songèrent en même temps au bonheur qu'ils auraient un jour de porter ainsi les fruits de leur union, et, pour s'épargner la peine de remonter le talus, ils se mirent à marcher rapidement à travers les ruelles de la Ville Noire; mais ils furent arrêtés à chaque pas par nombre d'amis et de connaissances qui voulaient embrasser le voyageur et lui faire raconter, séance tenante, ses aventures. Sept-Épées leur promettait de revenir causer avec eux, et Tonine l'aidait à s'en débarrasser, ce qui donna lieu à celui-ci de remarquer l'air de déférence particulière que tous avaient pour elle. Loin de diminuer, l'ascendant singulier qu'elle exerçait dans la ville avait augmenté jusqu'au respect, et Sept-Épées sentait la fierté lui venir au cœur en songeant que sa femme lui ferait une espèce de royauté morale, toute d'estime et d'affection.

En descendant toujours la rivière, ils passèrent sous une arcade neuve assez large, qui était aussi un ouvrage de *la demoiselle*, et Sept-Épées se trouva tout à coup en face d'une vaste usine dans laquelle il reconnut bien la Barre-Molino, mais si bien réparée et si agréablement embellie, que c'était comme une maison de plaisance traversée par les flots de la rivière. Les rouages des machines, semblables à des monstres furieux emprisonnés sous les arcades basses, divisaient les eaux en mille ruisseaux écumeux qui s'enfuyaient à travers la plaine, car cette noble fabrique touchait à la campagne, et au pied d'un immense rocher bien assis par la nature, les reins en arrière et le front renversé comme pour recevoir les orages, dont il préservait sa base tranquille, on voyait s'ouvrir l'immense vallée avec ses noyers plantureux et ses jeunes blés inondés de lumière.

— Vive Dieu! s'écria Sept-Épées tout surpris, on a fait de cette grande carcasse triste et noire un véritable palais, et si ce n'est pas seulement une robe de parade pour les yeux des passants, si l'intérieur répond au dehors, nos noirs compagnons sont là comme des taches dans le soleil!

—Entrez, entrez! dit la Lise, vous verrez qu'ils sont aussi bien que dans n'importe laquelle des belles manufactures que vous avez pu voir dans vos voyages.

Sept-Épées traversa des salles claires, bien aérées, avec des péristyles clos et couverts où les ouvriers en sueur pouvaient se reposer aux heures des repas, sans être saisis par le froid des mauvais jours. Il vit un ouvroir d'enfants où régnait le plus grand ordre, et que surveillait un ouvrier connu pour sa douceur, en même temps que la mère Sauvière, la pieuse femme, travaillait près de la porte, toujours prête à donner des soins à ceux qui se sentiraient malades ou fatigués. Enfin on arriva à la forge, où Laguerre était occupé à donner la première façon aux pièces. Le vieillard n'avait pas été prévenu du retour de son filleul. Sa surprise et sa joie s'exprimèrent par la fixité de ses gros yeux brillants, suivie d'un juron épouvantable. Puis, jetant ses outils, il saisit l'enfant prodigue par le corps, et bien prit à celui-ci d'être solide, car l'étreinte fut rude. Gaucher, appelé par Lise, accourut de son côté, non moins étonné et transporté que le parrain, car les deux femmes avaient bien gardé leur secret. — Tu nous vois très-contents et très-heureux, dit Gaucher à son ancien camarade. Nous sommes gagés comme surveillants de nos salles et logés on ne peut pas mieux. Tu vas certainement avoir la meilleure place de l'établissement, car c'est toi qui as le plus d'idées et de connaissances.

— Sans doute, sans doute, dit le parrain, et j'espère que ce vagabond n'aura plus envie de nous quitter!

— Jamais! s'écria Sept-Épées. Oh! non, jamais, puisque j'épouse Tonine!

— Est-ce vrai? est-ce possible? s'écria à son tour Gaucher, dont l'étonnement se refléta sur la figure du parrain, immobile et stupéfait.

Puis, tout à coup levant les épaules : — Mon garçon, dit le vieillard à son filleul, tu es donc toujours fou? Toi, épouser Tonine? à présent? toi, toi?

— Mon Dieu! reprit Sept-Épées cherchant des yeux Tonine, qui avait disparu, est-ce que vous voudriez y mettre empêchement? Et pour quelle raison?

— Tu le demandes? tu plaisantes, je crois! Voyons, j'en ai assez, moi, de la plaisanterie! Veux-tu, pour commencer, te rendre ridicule, et moi par contre? Parlons d'autre chose, je te prie. Raconte-nous un peu...

— Il vous racontera tout ce que vous voudrez, répondit Lise, qui venait de rentrer dans la forge; mais il faut d'abord songer à la faim qu'il doit avoir, ce voyageur! La demoiselle vous invite à dîner avec lui et nous, entendez-vous, parrain? Allez vous habiller; moi, j'emmène Sept-Épées chez nous, pour qu'il fasse aussi un peu de toilette. Il n'est que temps, il s'en va trois heures!

Sept-Épées suivit machinalement la Lise dans un corps de logis où elle avait son ménage installé très-proprement et largement, non loin du logement de Laguerre et à côté de celui d'Audebert, recueilli et soigné dans l'établissement, quand sa fantaisie de courir ne le menait pas ailleurs. Elle ouvrit à Sept-Épées une chambre vacante qu'elle était autorisée à lui donner. Elle avait déjà parlé à la demoiselle, et la demoiselle était disposée à bien accueillir l'artisan de mérite que Lise et Tonine lui recommandaient. Sept-Épées entendait à peine ce que lui disait la Lise. — C'est fort bien, lui répondit-il, cette demoiselle est fort honnête, et je compte bien la remercier : mais il s'agit de Tonine. Pourquoi mon parrain a-t-il si mal accueilli la nouvelle de notre mariage?

— Il l'a mal accueillie?

— Il m'a répondu de manière à me faire croire qu'il s'opposerait à mon bonheur. Il y a quelque chose là-dessous, Lise, quelque chose que vous ne m'avez pas dit!

— Que peut-il y avoir, je te le demande, à toi? Est-ce la faute de quelqu'un si ton brave homme de parrain ne comprend rien à vos amours?

Sept-Épées crut voir Lise embarrassée, et il lui fit des questions détournées auxquelles il n'obtint que des réponses évasives. Une grande inquiétude s'empara de lui, d'autant plus que Lise l'ayant laissé seul pour qu'il pût s'habiller, il remarqua qu'elle restait près de sa porte, comme si elle l'eût surveillé pour empêcher une communication quelconque entre lui et les personnes du dehors. Il tomba dans un grand trouble d'esprit. Tonine avait-elle commis une faute, ou tout au moins provoqué involontairement quelque scandale? Comment supposer qu'elle eût démérité dans l'estime publique après les témoignages de déférence qu'il lui avait vu recueillir à chaque pas dans la rue; mais aussi comment expliquer l'indignation du parrain à l'ouverture qui lui avait été faite? Et pourquoi Tonine avait-elle subitement disparu, comme pour ne pas être présente à l'explication?

XV

Quand une idée noire s'empare d'un cerveau logique, elle trouve toujours à s'y fonder sur des inductions désespérantes. Sept-Épées s'imagina que Tonine avait pu avoir un intérêt grave, tout différent d'un intérêt de cœur, à le rappeler auprès d'elle. Pourquoi n'avait-elle pas osé lui écrire elle-même? Pourquoi avoir employé Lise à l'insu de son mari et du vieux parrain? Et ces mensonges gratuits qu'on lui avait faits pour éprouver son dévouement, la maladie, la misère, la laideur même? Puis tout à coup l'apparition de Tonine que l'on disait absente, de Tonine belle, riante et passionnée, acceptant, exigeant même un serment qu'elle avait toujours repoussé, prenant Lise à témoin et se hâtant de traverser la ville avec lui, comme pour le compromettre dès la première heure! Gaucher n'avait-il pas paru stupéfait de ce mariage? et déjà, sur le sentier de la montagne, Va-sans-Peur n'avait-il pas dit comme le parrain : — Songer à Tonine! ce n'est pas possible!

Sept-Épées s'habilla sans trop savoir ce qu'il faisait; puis il tomba sur une chaise, oubliant qu'il était attendu. Ses yeux rencontrèrent sur la fenêtre un objet qui le fit tressaillir : c'était un pot de réséda, un pot bleu et blanc qu'il connaissait bien, et qu'autrefois, chez la Laurentis, il avait trouvé dans sa chambre, le jour où Tonine avait fait son déménagement. Elle savait qu'il aimait l'odeur du réséda : c'est une attention qu'elle avait eue alors et qu'elle venait de renouveler avec sa délicatesse accoutumée.

Sept-Épées sentit des larmes couler sur ses joues brûlantes. Il y avait un mystère autour de lui, un mystère effrayant à coup sûr. Comment Tonine savait-elle qu'il devait être reçu et accueilli chez la demoiselle, et qu'il y aurait précisément cette chambre-là? Cette demoiselle si bonne... beaucoup trop bonne peut-être!... avait-elle un frère, un neveu?...

— Non, non! s'écria Sept-Épées en se levant comme pour échapper aux suggestions d'un mauvais esprit; tout ce qui me vient là est épouvantable, et Tonine est toujours un ange du ciel! Tonine, Lise! Tonine, Gaucher! où êtes-vous? Pourquoi suis-je seul au moment où mon cœur déborde et où ma tête se perd?

— Nous voilà, nous voilà! répondit gaiement Gaucher, qui chuchotait avec sa femme devant la porte. Tonine est déjà là-bas qui nous attend. Ton parrain et nos autres amis doivent y être aussi. Allons, allons, nous sommes en retard.

— Ah! mon ami, dit Sept-Épées en passant son bras sous celui du brave Gaucher, je ne sais pas où tu me mènes; mais ta figure sincère me rend la confiance et le bonheur!

— On te mène chez la patronne, chez la bourgeoise, chez la bienfaitrice des ouvriers, répondit

Lise, qui les suivit avec ses enfants. Nous sommes comme ça une douzaine qui dînons chez elle le dimanche, et aujourd'hui c'est dimanche pour nous à cause de ton retour.

— Eh! qu'est-ce que cela lui fait, mon retour, à cette brave dame?

— Ah! répondit Gaucher, c'est qu'elle aime qui nous aimons!

On lui fit passer un petit pont de bois qui traversait un des bras étroits et tranquilles de la rivière, à l'endroit où elle formait un beau bassin devant la barre de l'écluse. Par ce pont, on entrait dans une petite île longuette plantée en jardin, où les roses et les œillets se miraient dans l'eau unie comme une glace. Tout au bout s'élevait (pas bien haut) le logis de la demoiselle, un pavillon à trois fenêtres de façade composé d'un rez-de-chaussée et d'un premier étage, bien bâti par les habiles maçons du pays, peint à la mode de l'endroit d'un ton gris de perle, rehaussé de filets lilas et blancs, et surmonté d'un étroit belvédère avec sa balustrade à jour en briques courbes, le tout si simple qu'un ouvrier un peu avancé et rangé eût pu se faire construire un palais semblable ; mais le lieu était si joli et si frais qu'on n'y pouvait rien souhaiter de mieux. Le terrain en pente, porté sur une base rocheuse, était assez élevé pour ne jamais craindre les crues de l'eau, et une aigrette de peupliers, au pied desquels s'arrondissait un bosquet d'arbustes touffus, couronnait la maison et l'îlot dans sa partie la plus haute.

Une allée de sable noir conduisait, par un méandre gracieux, à un perron de trois marches. Un bon petit chien qui n'aboyait après personne, qui caressait tout le monde, vint au-devant des convives comme pour les inviter à se hâter, et la Laurentis, éblouissante d'embonpoint dans sa camisole blanche, le tablier retroussé et les bras nus, apparut à une fenêtre du rez-de-chaussée, remuant une casserole qui lançait des éclairs, tant elle était rouge et fourbie.

— C'est elle, dit Gaucher à Sept-Épées, qui, à elle seule, compose toute la maison de la demoiselle. Tu dois te rappeler que, pour faire l'omelette et les gâteaux, c'est un cordon-bleu.

Ils entrèrent dans le salon, qui, ainsi que la salle à manger, était disposé pour recevoir au plus une douzaine de personnes dans les jours de gala. Il était tout lambrissé et meublé en bois clair, et pour tout luxe il y avait des rideaux de mousseline blanche, des fleurs dans des poteries du pays, et une belle vieille table à pieds tordus que Sept-Épées avait vue autrefois chez Tonine.

Il trouva là son parrain, la Sauvière et sa fille, le docteur Anthime et Va-sans-Peur. On espérait Audebert; mais, comme il avait déclaré, une fois pour toutes, que le poëte n'a pas d'heure, on ne devait pas l'attendre. Tonine arriva la dernière, tout habillée de blanc, si belle et l'air si radieux que Sept-Épées en fut ébloui. Elle vint à lui et lui prit les deux mains en riant. Tout le monde riait, même le parrain, qui paraissait avoir entendu raison. Sept-Épées se mit aussi à rire pour faire comme les autres, et aussi parce qu'il avait le cœur content; pourtant la figure épanouie d'Anthime, que ses yeux rencontrèrent comme malgré lui, le rendit tout à coup très-sombre. Rosalie Sauvière, qui était devenue grande, jolie et qui était habillée comme une bourgeoise, s'en aperçut. — Eh bien! lui dit-elle, vous regardez mon mari comme si vous ne le reconnaissiez pas! Pourquoi donc ne lui avez-vous pas encore parlé?

— Votre mari? s'écria Sept-Épées en se jetant presque au cou du docteur.

— Oui, répondit celui-ci : il était dans ma destinée de me fixer à la Ville Noire; refusé par une aimable personne qui avait reçu mes premiers hommages, j'en ai rencontré une autre, une belle *patiente*, qui a bien voulu me savoir gré de mes soins et me les payer par sa confiance. Je suis le médecin des ateliers, mon cher Sept-Épées; mais vous rapportez de vos voyages une mine qui ne me promet pas grande besogne.

— A table! cria la Laurentis du fond de sa cuisine, et le petit chien, qui connaissait cette exclamation, vint en gambadant, en aboyant de joie, faire l'office de valet de chambre.

— Ceci veut dire : madame est servie, dit le docteur en offrant son bras à Tonine, qui fit passer le vieux parrain le premier.

Madame Anthime prit le bras de Sept-Épées, et les autres suivirent.

La salle à manger était aussi propre et pas plus riche que le salon. Des mets très-élémentaires étaient placés sur une grosse nappe blanche semée de violettes.

Il y avait quelque chose de patriarcal dans cette aimable hospitalité. Tout le dîner étant servi à la fois, la Laurentis prit place avec les autres.

Tonine s'assit à la place d'honneur avec le parrain en face d'elle, le docteur à sa droite et Sept-Épées à sa gauche. De la demoiselle, il n'était pas plus question que si elle n'eût jamais existé. Sept-Épées ne put s'empêcher d'en faire la remarque à madame Anthime, qui était auprès de lui. — Bah! bah! répondit-elle d'un ton enjoué, elle viendra plus tard, à la fin du dîner!

— Non, dit Tonine, elle va venir tout de suite; c'est assez nous moquer de mon prétendu, et la chose commence à le tourmenter, je vois cela!... Allons, Sept-Épées, mon ami, n'attendez plus personne, car la bourgeoise est ici. C'est moi qui vous parle et qui vous demande pardon de vous avoir laissé mystifier !

— Vous! s'écria le jeune homme encore un peu inquiet, vous, la demoiselle, l'héritière?...

— Oui, moi, Tonine, votre fiancée d'aujourd'hui et votre femme bientôt. N'allez-vous pas faire comme le parrain, qui disait que c'était impossible ? C'est plus que possible, puisque nous nous aimons et que j'ai votre parole. Mes amis, ajouta-t-elle en s'adressant aux autres, vous ne savez pas tous comment ces choses-là se sont passées. On a fait croire au compagnon que j'étais dans la dernière des misères, malade, et affreuse par-dessus le marché. Il est revenu quand même, de bien loin, pour m'épouser, et cela, sans même savoir le malheur arrivé à sa baraque, quand il pouvait encore se croire riche auprès de moi. Croyez-vous que je lui doive assez de confiance et d'estime à présent pour souhaiter d'être sa femme ?

— Oui, oui! s'écria tout le monde. Oui, oui! répondit, de la porte, Audebert, qui arrivait. O maison de l'amour et de l'amitié, je suspends ma couronne à ton seuil béni des dieux !

— Ami, lui répondit Tonine, faites-moi un présent de noces digne d'un homme comme vous ! Donnez-la-moi cette couronne, suspendez-la ici pour toujours, et jurez de ne pas me la reprendre.

— Je le jure, s'écria Audebert, qui, depuis ce jour, ne songea plus à se parer de cet excentrique ornement ; je le jure, je le jure ! répéta-t-il par trois fois avec une antique solennité.

— Et j'accepte le serment de l'amitié, lui dit Tonine ; ces lauriers, que respectaient les habitants de la Ville Noire, auraient fini par vous faire des envieux. Ici on les verra avec orgueil, car votre gloire nous appartient plus qu'à vous-même, et c'est à nous de la publier.

— Tu as raison, jeune et belle muse du travail ! répondit Audebert : j'ai peut-être paru manquer de candeur et de simplicité en portant ce gage de mon triomphe. Faites-moi place parmi vous, mes amis, je veux vous chanter l'épithalame de ces heureux époux.

— Au dessert! au dessert! dit le parrain, qui ne goûtait pas toujours la poésie de son camarade de jeunesse; nous avons à parler d'affaires sérieuses. Voyons, filleul, que dis-tu de ce qui t'arrive?

— Je dis que je suis heureux, parce que j'épouse Tonine, que j'ai toujours aimée, répondit Sept-Épées, voilà tout ce que je dis!... Qu'elle soit riche ou pauvre, peu importe, c'est elle! ce n'est pas son nouveau rang et sa nouvelle fortune qui l'ont faite ce qu'elle est!

— C'est bien pensé, dit le docteur; mais permettez-moi de vous dire que la richesse, car vous voilà tous deux très-riches en comparaison de ce que vous étiez, ajoutera beaucoup à votre bonheur, si vous l'entendez comme l'entend la généreuse Tonine.

— Qu'elle me le dise vite, car je ne veux pas, je ne peux pas avoir jamais d'autre idée que la sienne. Parle, ma chère Tonine, je vois bien que la fortune n'est pas toujours aveugle, comme on le prétend, puisqu'elle s'est donnée à toi; mais je ne serais pas digne de partager ton sort, si je ne partageais pas tes sentiments.

— Eh bien! apprends, répondit Tonine, comment j'ai hérité de mon beau-frère, et tu comprendras nos devoirs. Te souviens-tu qu'il était fort malade quand tu es parti? Il avait abusé de tout, il se sentait mourir, et avait peur de la mort. C'était une mauvaise tête plutôt qu'un mauvais cœur. Il se repentait du passé. Il voulut me voir, me demanda de lui pardonner le malheur de ma pauvre sœur. J'y mis pour condition qu'il ferait quelque chose de charitable pour les pauvres de la Ville Noire. Il le promit, et je lui donnai des soins et des consolations. Quand on ouvrit son testament, nous fûmes tous bien étonnés de voir qu'il me laissait l'usine; mais il y avait une condition : c'est que j'adoucirais les peines que la dureté de son chef d'atelier et son indifférence avaient causées. Dès lors, tu vois, mon ami, cette condition-là, je ne sais pas si la loi nous en demanderait compte; mais je sais que Dieu est bon comptable, et qu'on ne le triche pas. C'est à nous de bien nous tenir, si nous ne voulons pas qu'il nous abandonne.

— Sois tranquille! répondit Sept-Épées, qui jusque-là s'était senti un peu accablé sous le bienfait de Tonine, et qui tout aussitôt releva la tête avec enthousiasme. Je ne sais pas si je suis aussi bon et aussi religieux que toi ; mais je suis diablement fier, et je ne crois pas qu'il me serait possible de vivre sans te voir fière de moi.

Pendant le dîner, qui fut satisfaisant pour l'appétit, sans aucune recherche, Sept-Épées remarqua un grand changement survenu chez Tonine. Autrefois, bien qu'elle eût autant d'esprit que lui, il y avait comme une différence de niveau dans leur éducation, et la jeune ouvrière avouait son ignorance sur beaucoup de choses pratiques qui avaient leur importance aux yeux du jeune artisan. Avec le changement de position, l'horizon de Tonine s'était agrandi. Elle avait voulu entendre de son mieux la science et les arts de l'industrie qu'elle avait à gouverner, et, sans être sortie de son Val-d'Enfer, elle s'était mise au courant du mouvement industriel et commercial de la France.

Sept-Épées fut donc très-heureux de pouvoir causer, devant elle et avec elle, de tout ce qu'il avait acquis et observé, sans craindre de trouver en elle des préoccupations étrangères à la nature de ses connaissances. Il eut la satisfaction de pouvoir l'éclairer encore sur le progrès qu'elle pouvait imprimer autour d'elle, et de se voir parfaitement compris et apprécié par un esprit lucide et ingénieux, moteur puissant et nécessaire de l'action d'un cœur dévoué.

XVI

Dès le lendemain, les premiers bans furent publiés; mais, dès le lendemain aussi, Sept-Épées se mit au travail de la fabrique, et il voulut y entrer comme simple compagnon, tenant à montrer qu'il honorait plus que jamais le travail manuel, et qu'il était plus habile et plus prompt que pas un de ceux qu'il aurait bientôt sous sa gouverne. Il ouvrit le soir un cours d'instruction pratique qui prouva aussi le droit qu'il avait d'enseigner, et, après la leçon, il se mêla à ses anciens et nouveaux camarades, qui tous voulaient fêter son retour, et auxquels, par sa franche cordialité, il montra bien qu'il serait toujours un ami sérieux et un bon frère.

Tonine eût souhaité que son mariage se fît sans plus d'éclat que celui des autres artisans du pays, mais il ne dépendit pas de sa volonté d'empêcher les préparatifs de la Ville Noire. Huit jours durant, les enfants cueillirent dans la campagne une véritable montagne de fleurs qui fut mise au frais dans un des nombreux réservoirs des écluses, et qui, le jour des noces, se trouva transformée et distribuée en guirlandes gigantesques et en gracieux arcs de triomphe sur tout le passage du modeste cortége. Ce cortége devint bientôt si nombreux qu'on eût dit d'une fête patronale suivant la procession. Après la cérémonie, il y eut un banquet général sur les gazons qui entouraient le bassin de la grande barre. Chaque famille apporta là son repas, et toute la population mangea et chanta pendant que les deux époux, avec le petit groupe de leurs amis intimes, déjeunaient sans faste sous les lilas de la petite île, recevant et rendant les toasts qui s'élevaient de tout l'amphithéâtre du rivage. De jeunes compagnons, parés de fleurs et portant leurs insignes de cérémonie, amenèrent ensuite un petit radeau pavoisé, ouvrage de leurs mains, sur lequel les deux époux furent invités à monter pour faire le tour du bassin et recevoir les caresses et les félicitations de tout le monde. Tonine fut priée d'ouvrir le bal, et on la vit danser pour la première fois dans une fête. Elle y mit tant de grâce et de modestie que chacun l'admirait de s'être abstenue jusque-là de tout plaisir et de toute coquetterie par prudence et par pudeur.

Cependant Tonine s'interrompit plusieurs fois pour demander si personne n'avait vu Audebert. Quelque livré qu'il fût à son caprice, le vieux poëte n'oubliait jamais ses affections, et on s'étonnait qu'en un pareil jour il ne fût pas là. On commençait même à s'inquiéter, lorsqu'il parut enfin sur le haut du gros rocher, qui commençait à projeter son ombre bienfaisante sur la fête. Il amenait avec lui Saverio (ou Xavier), le beau chanteur, l'habile plâtrier italien, nouvellement arrivé au pays pour des travaux d'art dans les bâtiments de la mairie de la ville haute. Ce jeune homme avait une voix magnifique et chantait avec goût, quoiqu'il eût un peu d'accent étranger; mais cet accent n'avait rien de désagréable et rendait sa prononciation plus sonore. Du haut du rocher, Audebert fit un signal convenu avec une branche verte. Les eaux et les rouages de l'usine, qui étaient au repos, partirent alors avec un grand bruit de marteaux et de cascades, en même temps qu'on vit les fumées des fourneaux s'élever en spirales noires dans les airs.

C'était un simulacre de travail et comme l'ouverture nécessaire de la cantate. Quand Audebert et son compagnon furent descendus jusqu'à une roche surplombante qui les rapprochait convenablement de l'auditoire, Audebert fit encore un signe, et les machines s'arrêtèrent. Les flots furent enchaînés comme par magie, et un chœur d'ouvriers entonna l'épithalame qu'Audebert avait composé, et dont Saverio déclama et chanta tour à tour le récitatif et les strophes. Il y avait longtemps qu'Audebert n'avait été si bien inspiré. Son cœur ému avait rendu la lumière à son génie troublé, et, quoiqu'il y eût encore quelques incorrections dans ses vers, la paraphrase en prose que nous en donnerons pour terminer cette véridique histoire prouvera que ses idées ne souffraient d'aucun désordre.

CHOEUR.

« Taisez-vous, rouages terribles! tais-toi, folle rivière! Fers et feux, enclumes et marteaux, voix du travail, faites silence! Laissez chanter l'amour; c'est aujourd'hui la fête d'hyménée.

RÉCITATIF.

« Toi d'abord, jeune époux, fils adoptif de la Ville Noire, reçois la bénédiction de l'amitié, c'est encore celle de Dieu pour ton amour. Écoute, par la voix de l'ami étranger, la parole amie de la vieillesse. La vieillesse résume et enseigne; elle a derrière elle les longs jours de l'espérance et de la douleur, du plaisir et de la peine. Cette parole te dit : Souviens-toi!

STROPHES.

« Oui! souviens-toi des jours déjà passés.... Ils

ont passé vite, mais ils ont été assez remplis pour t'instruire. Les labeurs de ton apprentissage et les premiers essais de ta force, les illusions de ton esprit et les élans de ton cœur t'ont déjà enseigné ce que l'enfant doit souffrir pour devenir un homme, ce que l'homme doit comprendre pour devenir un sage. Souviens-toi!

« Souviens-toi du jour où le mugissement des eaux, les craquements du bois et le grincement du métal t'arrêtèrent, éperdu de crainte, au seuil de l'usine. Ton ancien t'encourageait et te montrait en souriant les petits oiseaux essayant leur premier vol autour des nids suspendus à ces toits ébranlés par les furies du travail. Et toi, tu as souri à ton tour, ne voulant pas être moins brave que les petits du passereau et de l'hirondelle. Souviens-toi!

« Souviens-toi du premier coup que, vacillant sous ta main débile, l'outil cruel porta dans ta pauvre chair. Ce fut ton premier cri, ton premier sang. Tu fus, ce jour-là, baptisé par la souffrance, et ton ancien te dit : — Ce n'est rien, c'est le baiser de ta nourrice! — Et toi, tu ramassas le fer brutal en répondant : — A la longue, le nourrisson mènera durement la marâtre... Souviens-toi!

« Souviens-toi du premier ouvrage complet qui sortit de ta main exercée. Ce jour-là, l'orgueil visita ton âme, et tu te sentis plus grand de toute ta tête. Tu te baissas pour sortir par la porte de l'atelier; tu regardas le soleil cherchant s'il ne lui manquait pas un rayon dérobé par toi pour éclairer l'acier que tu venais de façonner, et il te sembla que toute la Ville Noire avait les yeux sur toi, en disant : — Rangeons-nous, il n'y a plus d'enfant ici, vrai Dieu! Voilà un de nos citoyens qui passe!... Souviens-toi!

« Souviens-toi du jour où tu vis ta bourse remplie et la liberté devant toi. Ce jour-là, tu t'écrias que le monde entier t'appartenait, et que tu pouvais y choisir ta place; mais si ton rêve fut grand, ta place fut petite, et ta peine recommença plus acharnée, quand tu te vis aux prises avec la plus fine et la plus dure des machines, la plus docile et la plus rebelle, la plus ingrate et la plus généreuse, enfin la machine des machines, l'homme qui travaille pour l'homme. Souviens-toi!

« Souviens-toi du jour où tu te sentis en lutte avec ton semblable, en guerre avec ton frère, en désaccord avec toi-même. Ce fut le jour où tu reconnus que, pour gagner vite, il fallait mettre l'éperon au ventre de tes ouvriers, et arracher de ton pauvre cœur la confiance dont on abuse, la compassion qu'on exploite, l'amitié souvent ingrate, et ce jour-là tu jetas ton ciseau en pleurant. Tu venais d'apprendre que les hommes sont des hommes, et que qui n'est pas de fer pour l'ambition doit être d'acier pour la patience... Souviens-toi !

« Souviens-toi du jour où ton cœur devint le maître de ton esprit, et où, dégoûté d'appeler la fièvre à ton aide, tu sus attendre la volonté. Ce jour-là, tu te réconcilias avec tes frères, avec Dieu, avec toi-même. Ce jour-là, tu vis dans la flamme de ta forge une lueur qui ne sortait plus de l'enfer ; tu entendis dans la voix du torrent une parole qui venait de Dieu, tu sentis passer dans tes veines ardentes une fraîcheur qui tombait du ciel... Souviens-toi !

« Et aujourd'hui que tu te souviens de tout, garde

à jamais le trésor de la science, car la vie t'a appris déjà beaucoup de choses que ne savent point ceux qui n'ont pas souffert, une grande chose entre toutes : c'est que le bonheur n'est pas dans le triomphe de la volonté isolée, mais dans l'accord des volontés conquises au bien ; une plus grande chose encore : c'est que l'amour enseigne encore mieux que la raison, et que toute science vient de lui. Cela, ne l'oublie jamais ; de cela surtout, souviens-toi !

CHŒUR.

« Et maintenant, criez, rouages terribles ; maintenant, chante et bondis, folle rivière! Fers et feux, enclumes et marteaux, voix du travail, commandez la danse! Vous ne couvrirez pas les voix de l'amour.. C'est aujourd'hui la fête d'hyménée. »

L'usine, remise en mouvement, fit sa partie, aux grands applaudissements de l'auditoire ; puis, quand le chanteur eut profité de ce moment de repos, tout se tut de nouveau pour écouter le chant de l'épousée. Le chœur reprit :

« Toi, maintenant, belle épousée, fille des entrailles de la Ville Noire ! Reçois la bénédiction de l'amitié ; c'est encore celle de Dieu pour ton amour. »

Puis le bon Saverio chanta le récitatif :

« Écoute, par la voix de l'ami étranger, la parole amie de la vieillesse. La vieillesse juge et récompense ; elle a derrière elle le cortége des longs jours d'espérance et de douleur, de plaisir et de peine ; cette parole te dit : Souviens-toi !

STROPHES.

« Toi qui fus bénie en naissant, Tonine aux blanches mains, souviens-toi du premier jour où ta mère te mena dans la montagne ; ta mère me l'a raconté : tu vis une fleur qui riait au soleil, et tu courus la cueillir. C'était pour toi la fleur des fleurs, la merveille de la terre, c'était la première chose dont tu comprenais la beauté ! Ta sœur, plus grande que toi, la voulut, et toi, au lieu de pleurer, tu souris en la lui donnant. C'était la première fois que tu sentais le plaisir de donner, plus grand pour toi que tous les autres plaisirs ; souviens-toi !

« Toi qui fus bénie en grandissant, Tonine aux

mains diligentes, souviens-toi du premier jour où tu entras dans l'atelier pour gagner ta pauvre vie d'enfant. Tu étais orpheline, et tu ne riais point. — Quelle est, disait le maître, — c'est lui qui me l'a conté, — cette pâle fillette qui ne gâte rien, qui est habile dès le premier jour, et qui, au travail, ne semble pas connaître le dégoût ou la peine? — Il lui fut répondu : C'est celle qui travaille pour deux, parce que sa sœur a encore trop de chagrin, et que celle-ci, la plus petite, est la plus soumise à Dieu; souviens-toi!

« Toi qui fus bénie en devenant belle, Tonine aux mains pures, souviens-toi du jour où l'on voulut t'entraîner à la première fête; on te disait : Les tonnelles sont pavoisées, les violons raclent leurs plus beaux airs de danse. Tous les garçons vont là-bas sur la pelouse; mets ta robe blanche et suis-nous. Un jour de plaisir efface un an d'ennui. Et toi tu répondis, — tes compagnes me l'ont conté : — Non, vous n'avez pas besoin de moi, puisque vous êtes contentes; j'irai tenir compagnie à Louisa la boiteuse, qui s'ennuie seule au logis. — Et tu mis ta robe blanche, et tu donnas à la solitaire infirme la fête de l'amitié; souviens-toi!

« Toi qui fus bénie en devenant sainte, Tonine aux mains secourables, souviens-toi du jour où tu donnas à boire au pauvre voyageur et ton pain à la pauvre mendiante, et du jour où tu fermas les yeux du voleur abandonné de tous, après avoir fait entrer le repentir dans son âme coupable, et du jour où tu soignas le pauvre paralytique, objet de dégoût pour sa propre famille, et du jour où tu donnas ta mante, et de celui où tu donnas ta chaussure, et de celui où, n'ayant plus rien à donner, tu donnas tes larmes, et de tous les jours de la vie qui furent marqués par des bienfaits, des dévouements, des sacrifices; de tous ces jours-là, Tonine aux belles mains, souviens-toi!

« Et souviens-toi encore, Tonine au cœur pur, du jour où l'on vint te dire : Tu es riche, la plus belle des usines de la Ville Noire, la perle du Val-d'Enfer est à toi. Ce jour-là, tu levas vers le ciel tes mains sans tache en disant : Rien n'est à moi, tout est à Dieu! Et depuis ce jour-là il n'y a pas eu ici une peine qui ne fût adoucie, une larme qui ne fût essuyée; souviens-toi!

« Et souviens-toi, Tonine au cœur fidèle, du jour où l'on vint te dire : L'atelier de celui qui t'aimait a été dévoré par la montagne. Sa roue, muette à jamais, gît sous le rocher, le torrent chante sa victoire cruelle sur les ruines de son travail et de sa vie. Ce jour-là, tu t'écrias : — Voilà mon fiancé qui revient, ma voix l'appelle. J'ai besoin d'un ami pour partager le fardeau des devoirs de ma richesse. — Et ce jour-là, Tonine au cœur tendre, tu aimas plus que toi-même celui qui n'avait plus que toi sur la terre; souviens-toi!

RÉCITATIF.

« Jeunes époux, souvenez-vous de vos fatigues et de vos peines pour mieux savourer le bonheur! Nobles enfants du travail, ne quittez jamais la Ville Noire! Des liens plus forts que l'acier le mieux trempé de vos ateliers, des affections plus solides que ces rochers de granit qui protégent le sanctuaire de nos industries, des liens d'amour et d'amitié vous y retiennent. La caverne des noirs cyclopes peut effrayer les regards du passant; mais celui qui a longtemps vécu dans ces abîmes et dans ces flammes sait que les cœurs y sont ardents comme elles et profonds comme eux! De ces cœurs-là, jeunes époux, souvenez-vous à jamais!

CHŒUR.

« Et maintenant criez, rouages puissants! Chante et bondis, rivière bénie! Fers et feux, enclumes et marteaux, saintes voix du travail, commandez la danse. Vous ne couvrirez pas les voix de l'amour; c'est aujourd'hui la fête d'hyménée! »

Aux applaudissements de la Ville Noire répondirent des applaudissements et des clameurs qui semblaient planer dans les airs. Tous les regards se portèrent vers la montagne, et l'on vit une foule qui battait des mains et agitait des mouchoirs. C'était le petit et le gros commerce, la jeune et la vieille bourgeoisie de la ville haute, avec la musique en tête et le peuple en queue, qui descendaient vers la rivière.

On savait bien, à la ville haute, qu'il se faisait un beau mariage à la ville basse, et Tonine avait, de la base au sommet de la montagne, la réputation d'une sainte et douce fille. Le testament de Molino avait fait assez de bruit pour la mettre en évidence. Personne n'eût pourtant songé à blesser sa modestie bien connue par une ovation ; mais, quand on vit, en ce jour de fête, les tourbillons de fumée de l'usine, et que l'on entendit le bruit des marteaux, on s'étonna beaucoup, et l'on vint sur les terrasses voir de quoi il s'agissait. On ne put saisir les paroles de la cantate, mais les sons de la voix de Saverio et la pantomime d'Audebert firent comprendre ce qui se passait. C'est pourquoi l'on s'entendit pour aller prendre part à cette joie populaire, et, comme la cantate fut longue, on eut tout le temps d'organiser l'amicale visite.

En ce jour-là, on vit donc, sur la pelouse qui bordait un des côtés du bassin, et qui était comme le péristyle entre le ravin et la plaine, les deux villes